숙달의 정체성

권미애 · 손민호

차　례

프롤로그

I. 장인성의 재발견

1. 장인과 장인성 ······ 7
   가. 장인의 재발견 ······ 7
   나. 장인성의 개념과 형성적 특성 ······ 11
2. 숙달과 전문성 ······ 15
   가. 숙련과 숙달 ······ 15
   나. 전문성 발달과 숙달 ······ 16
3. 상황학습과 일상의 실천 ······ 20
   가. 일터학습 ······ 20
   나. 상황학습과 암묵지 ······ 25
   다. 활동체계의 확장 ······ 31

II. 작업장 관찰과 질적 분석

1. 숭의동 목공장인 ······ 39
2. 비디오 자료 분석 ······ 42
3. 암묵지는 관찰 가능한가? ······ 46

가. 민속방법론(ethnomethodology)의 해법 47
나. 민속방법론과 러닝 사이언스 48

Ⅲ. 작업장의 생태학

1. 시간 감각 52
가. 몸의 조율로서의 시간 60
나. 상황의 전개 과정으로서의 시간 62
다. 연속적 흐름으로서의 멈춤과 이어짐 64
2. 공간과 질서 68
가. 공간의 구조 70
나. 공간 지각과 작업 경험 72
다. 동선 확장과 연결망 80

Ⅳ. 작업공정의 전문성과 작업의 일상성

1. 변신도구 84
2. 은밀한 눈 93
3. 손이 가는 길 102
4. 일상 퍼즐 114
5. 상상 그림 122

V. 암묵지, 객체, 그리고 맥락적 실천

1. 예측 가능성 ······134
2. 혼돈과 질서 ······142
3. 측정의 기예와 오차 범위 ······154

VI. 숙달의 정체성

1. 구조화된 일상 ······166
2. 사물의식 ······171
3. 자아의 확장과 스타일의 탄생 ······176

에필로그

1. 객체와 상식의 교육학 ······183
가. 작업장의 현장성 ······185
나. 나의 성찰? 컨텍스트 성찰! ······188
다. 활동시스템의 확장으로서의 역량의 발현 ······191
라. 숙달의 정체성과 배움 ······193
2. 배움이란 무엇인가 ······197

참고문헌 ······202

프롤로그

2001년 SF의 거장 스티븐 스필버그(Steven Spielberg) 감독의 '에이아이(AI)'라는 영화가 개봉되었다. 불치병에 걸린 친아들 마틴의 치료약이 개발될 때까지 아들의 자리를 대신 채워줄 로봇, 데이빗이 개발되어 주인공 부부에게 찾아오게 된다. 데이빗은 인간을 사랑하게끔 프로그래밍되어 스윈튼 부부를 부모로 여기며 인간사회에 적응해 가지만 마틴이 퇴원하면서 버려지고 만다. 하지만 데이빗은 진짜 인간이 되어 잃어버린 엄마의 사랑을 되찾을 수 있다는 생각을 가지고 자신의 장난감 친구이며 보호자인 테디 베어와 긴 여행을 떠난다는 이야기로 영화는 전개된다.

십수 년이 지난 지금, 이 영화가 더 이상 가상이 아닌 현실로 다가오고 있다. 인공지능이라는 이름을 달고 우리가 사용하는 많은 사물들이 인간과 상호작용하며 생각하기 시작했다. 2016년 3월, 구글이 인공지능 바둑프로그램 알파고를 개발하여 바둑 챔피언 이세돌 9단을 격파하였고, 2016년 5월, 세계에서 가장 똑똑한 인공지능 왓슨(Watson)과 무선인터넷으로 연결되는 인형 코그니토이(Cognitoys)가 판매되기 시작하여, 인간의 말을 알아듣고 스스로 학습할 수 있게 되었다. 그리고 2017년, 인공지능 스피커가 출시되어 음향기기의 역할을 넘어 우리와 음성으로 소통하며 스마트한 라이프스타일(life style)을 선도해 나가고 있다.

앞서 언급한 영화 속 데이빗 역시 인간과 같이 생각하고 행동하는 것을 넘어 인간의 감정까지 느끼며 우리와 상호작용하는 모습을 보여주고 있다. 우리의 선택과 필요에 의해 도구가 객체로서 존재하는 것이 아니라 우리 삶의 일부분이 될 수 있다는 점을 단적으로 보여준 예다. 이러한 변화 앞에서 인간의 삶을 편리하고 풍요롭게 만들어주기 위해 개발된 물질문명, 이를 이끌어 나가기 위해 우리가 답습했던 사회시스템과 환경들이 향후에도 유효할 것인지에 대해 다시 한번 생각해 볼 필요가 있다. 이미 당연하다고 생각되었던 우리 삶과 존재를 둘러싼 생태계가 흔들리기 시작했기 때문이다.

대표적인 예로 오랫동안 학습 연구에서 주류를 형성해온 인지주의 관점의 변화를 들 수 있다. 정보의 축적과 활용을 통한 사고의 확장이 배움을 위한 수단이 되어왔으나, 확장된 정보만으로는 실제 상황에 필요한 역량을 제대로 발휘할 수 없음을 지각하기 시작하였다(Berry, 2007). 실제 배움의 현장에서 생겨나는 경험들을 보면 지식에 대한 학습이 아닌 자신을 둘러싸고 있는 상황들, 즉 객체적 영역을 직접적으로 활용하는 능력에서부터 학습이 시작된다는 점을 보여준다.

이렇듯 인지적 활동을 통한 정보의 확장이 우리의 일상과 삶의 많은 부분을 긍정적인 방향으로 변화시켜 줄 것이라는 믿음에 반해서 다시 노동이 주는 가치에 대해 주목하기 시작하였다(Crawford, 2017). 과거에는 직접 만들어 쓰던 도구들을 이제는 만들어진 완제품을 사서 쓰는 형태가 되었고, 그나마 사서 쓰던 도구들마저도 자동화되면서 우리의 손이 할 수 있는 영역들을 대부분 대체해왔다. 특히, 보고 듣는 것에 익숙해진 세대의 아이들에게 손으로 만지고 느끼며 물질의 속성에 대해 탐색할 수 있는 경험의 시간은 요원해진 현실이 되었다. 아이들의 오감 발달을 위해 새로운 장난감들이 매일같이 생겨나는 시대이지만, 오히려 이러한 장난감이 아이들의 창의적 생각을 방해하는 요인으로 작용하기도 한다. 너무 완벽하게 만들어진 사물은 그 역할 또한 한정되어 있기 때문에 변용해서 사용할 수 있는 기회를 박탈하기도 한다.

이러한 관점에서 보면 산업기술의 발달은 응용의 타당성에 대한 감각을 마비시키고 파괴시키는 경향이 있다. 행동의 기준을 장소와 생물의 개별적 특성에 의해서가 아니라 기술의 용량에 의해 결정되도록 만들어 버렸다. 더불어 사랑, 상상력, 친근감, 연민, 두려움, 공포와 같은 감정의 작용을 억제하고, 일상에 대한 책임감을 줄이며 노동의 과정을 단축시키는 결과를 낳게 하였다(Berry, 2007).

이와 같은 문제의식으로부터 스스로 무언가를 직접 만들어 보는 경험을 통해 그동안 잃어버렸던 과정 안에서의 만족감과 성취감이라는 정서에 매료되기 시작하였다(Crawford, 2017). 그리하여 손글씨, 뜨개질, 목공 등과 같은 수공 노작이 현대인을 위한 취미생활로 인기를 끌게 되었다. 그중 목공의 경우는 개체 독립성이 강하며 일의 과정과 결과를 모두 경험하고 확인할 수 있는 분야이다. 상상한 그림들이 물건이라는 형태로 가시화되면서 손으로 만드는 것이 주는 기쁨과 몰입의 가치를 배울 수 있는 기회를 안겨주고 있다.

그렇다면 과정으로써 개인의 학습 이력, 즉 그의 정체성에 있어서 변화의 궤적을 그가 몸담고 있는 일을 통해 어떻게 확인할 수 있는지 살펴볼 필요가 있다. 최근 서울대 소비트렌드 분석센터에서 내놓은 2020 전망에 따르면, 온라인 플랫폼이 발달하면서 정체성의 다양한 조합이 가능해짐에 따라 정체성 변화의 폭이 과거와 비교할 수 없게 커지고 있음을 지적하였다(김난도 외, 2019). 특히, 오스트리아 철학자, Charim (2018)은 그의 책 『나와 타자들』에서 현시대를 다원성의 시대로 규정하며, 동질성이 파괴된 시공간에서 인간은 곁에 누가 있느냐에 따라, 즉 상황이 어떻게 변화하느냐에 따라 끝없이 자기를 재구축하는 실천을 한다고 설명하였다.

이처럼 사회가 복잡해지고 변화 속도가 빨라짐에 따라 개인의 정체성에 대한 문제를 중요하게 다루기 시작하였다. 정체성을 혈통과 직업을 기반으로 형성되는 고정불변의 절대적인 것으로 보던 관점에서 현대에 들어서면서 정체성은 상대적이며 유동적인 개념으로 변화했다. 특히, '확장 자아(Extended self)'라는 개념이 새롭게 등장하였는데, 이는 인간의 정체성을 자신이 소유하게 된 물건으로 확장해서 보는 현상을 말한다(김난도 외, 2019). 이러한 현상은 정체성을 개인 내부에서 일어나는 것으로 보기보다는 밖으로 드러나는 소비 행위나 선택하는 물건을 통해 들여다보기 시작하였음을 의미한다. 또한 자신의 감정을 표현하고 공유하는 대상을 인간으로 국한하지 않고 사물이나 가상의 무엇, 예를 들면 캐릭터와 같은 이미지로 확장해서 보기 시작한 것이다.

이 같은 변화는 개인의 정체성을 형성하는 요인으로 행위의 실천과 의미가 중요하게 작용하고 있음을 보여준다. 정체성과 실천이 서로 밀접한 관계가 있다는 사실은 이전 연구를 통해 이미 언급된 바 있다. 실천에 따른 정체성은 자아 이미지를 넘어 우리가 일상적으로 생활하는 방식에 의해 결정된다. 따라서 정체성은 개인의 경험과 그에 대한 사회적 해석이 이루어지는 참여와 객체화의 누적된 결과로써 형성된다(Wenger, 1998: 221). 이러한 점에서 한 개인의 정체성을 그가 하는 일의 일상적 실천 방식을 통해 확인하는 것이 무리가 아님을 알 수 있다.

이 저서는 목공장인의 작업장과 일에 관해 들여다보는 데에서 출발하였다. 어느 목공장인이 작업장 안에서 자신만의 기예를 어떻게 발휘하는지, 어떠한 맥락적 조건에서 그러한 장인성이 성립하는지 알아보기 위해서다. 최근 들어 이러한 관심사가 높아지면서 '장인'이 어떤 조건에서 성립 가능한지에 관한 연구들이 활발해졌다. 달라진 정보 생태계에서 전문가가 갖춰야 할 역량을 일과 삶을 하나로 추구하는 장인성에서 찾고자 한 것이다. 이들 연구들은 대체로 문화예술 각 분야에서의 기능인으로서의 장인을 중심으로 그들의 생애사적 발달 과정이나 독특한 문화적 배경을 들여다봄으로써 전문성과 학습에 관해 규명하고자 한다. 반면, 일 자체에 관하여 깊이 있게 들여다봄으로써 그가 하고 있는 일이 어떻게 이루어지는지 살펴보고자 하는 관심은 상대적으로 드물다.

목공장인은 한 분야에서의 직업인이기도 하다. 따라서 그는 한 영역에서 꾸준히 전문성을 발달시켜 왔다고 할 수 있다. 동시에 오랜 경험을 통해 전문성을 획득한 이들이 발휘하는 기예는 어떤 한 일의 형태에 있어서 고도로 숙달된 상태를 보여준다. 장인 작업을 통한 숙달의 정체성 분석과 관련하여 숭의동 목공장인을 연구대상으로 삼은 이유가 여기에 있다. 오랜 경험을 통해 전문성을 획득한 이들을 대상으로 그들이 보여주는 숙달의 과정과 특성이 무엇인지 살펴보는 것은 일상적이고 보편적인 우리의 삶과 맞닿아 있다. 즉, 전문성이 아닌 숙달의 개념을 중심으로 연구를 시작하려는 것은 전문성 획득을 위한 기본 과정이자 다양한 분야에 보편적으로 적용할 수 있는 개념이라고 보았기 때문이다.

숙달과 관련해서 기술이나 기예 등 특정 경험의 학습에 관한 연구들은 전문성 발달이나 생애발달과정에 주목해왔다. 이들 연구들은 대체로 특정 기술과 특정 경험의 시점을 중심으로 학습을 환원시켜 보고자 한다는 점에서 학습과 일상의 작업 경험을 분리해 보고자 했고, 그만큼 일상의 작업 경험과 현장성은 학습에 있어서 주변적인 요인으로 파악해왔다.

반면, 숙달과 관련한 전문성 이론(Alexander, 2003; Dreyfus & Dreyfus,

1986; Fook, Ryan & Hawkins, 2000)에서는 숙달의 특성을 숙달되는 기술이나 개인의 경험으로 제한하여 보기보다는 이를 둘러싼 상황과 그 상황에 관여하는 다양한 요인까지도 숙달의 연장선에서 바라볼 필요가 있다고 역설하였다. 목공장인이 보여주는 숙달된 행위 역시도 그들이 몸담고 있는 생활세계에 대한 깊은 반향이라는 것이다. 다시 말해, 장인이 하고 있는 일과 이를 둘러싼 상황이 바로 장인의 정체성을 대변해 주는 것일 수 있다고 보았다. 이러한 점에서 숙달을 기능의 숙련된 수준을 넘어 작업장 안에서 벌어지는 일상적 시간과 상황 그리고 장인만의 독특한 삶의 양식이 총체적으로 표출된 양상으로 볼 필요가 있다.

이미 교육은 평생학습의 의미로 확장되었다. 개인의 삶과 정체성을 확립시켜 나가는 과정 안에 교육이 존재하는 것이다. 이와 같은 변화에는 개인의 정체성에 대한 깊은 고민과 이를 제대로 계발하여 확립시킬 수 있는 방법이 필요하다는 생각을 공유하기 시작하였음을 의미한다. 정체성 확립과 이를 계발하기 위한 진로발달이 중요하게 부각되었고, 그 안에 자신을 둘러싼 객체를 어떻게 다룰 것인지에 대한 논의가 뜨거운 쟁점으로 들어갈 수 있을 것이다.

이 저서에서는 장인의 숙달 과정을 통해 이전의 방식을 배우고 답습하자는 것이 아니다. 1만 시간의 법칙을 강조하며 우직하게 한 우물 파기를 강조하는 것은 다양성을 강조하는 지금 이 시대와 어울리지 않는 듯 보일 수 있다. 그러나 역량의 다양성과 경험의 양을 중시한 결과, 오히려 배움에서 멀어지는 현상 또한 흔히 목격할 수 있다. 깊이 있는 경험으로써 숙달된 행위와 상황을 구체적으로 살펴보는 것에서부터 지성적인 배움은 무엇이며, 그 안에서 자신의 역량을 어떻게 계발시키고 정체성을 형성해 나가는지 확인해 볼 수 있을 것이다.

Ⅰ. 장인성의 재발견

1. 장인과 장인성

가. 장인의 재발견

최근 장인에 관한 관심이 커지면서 장인 관련 연구가 활발히 진행되고 있다. 이 같은 현상에는 일과 관련한 경제, 문화, 사회적 위기가 내포되어 있다. 최악의 청년실업 문제와 더불어 기업에서는 구직난 속 구인난을 겪고 있는 실정이다. 일자리를 찾는 사람은 많은데 정작 기업에서는 일할 사람이 없다고 하니 아이러니한 현실이다. 이러한 현상의 중심에는 기술(skill) 부족이란 문제가 크게 자리 잡고 있다(황선명, 2001).

보건복지부가 발표한 '2016년 노숙인 실태조사'에 따르면 생활시설 노숙인 10명 중 1명은 20세 이상 39세 이하의 청년노숙인이라고 한다(금강일보, 2018.04.04.). 구직난 속 구인난은 미국 제조업계도 예외가 아니다. 미국 백악관에서 열린 대통령과의 면담 자리에서 미국 제조업협회 관계자들은 점차 고도기술화하는 공장에서 빈자리를 채울 만한 숙련된 고도기술 인력을 구하기 어렵다며 교육체제의 문제점을 지적했다(연합뉴스, 2017.03. 29.). 이와 유사한 청년실업은 선진국 대부분이 겪고 있는 문제인데, 개발도상국의 경우에는 숙련된 직원을 찾지 못해 선진국보다 더 큰 어려움을 겪고 있다.

한편, 영국 UKCES(UK Commission of Employment and Skills, 2014)[1]의 보고에 따르면, 기술 부족으로 결원을 경험하고 있는 사용자의 비율은 점차 증가하고 있는 것으로 나타났다. 특히 중급 기술이 요구되는 제조업, 건설업, 도소매업, 호텔 및 레스토랑업에서의 숙련직과 같은 일자리에서 기술 부족 문제를 크게 겪고 있는 것으로 나타났다. 보건사회복지 및 커뮤니티 사업과 같은 돌봄 관련직에서 역시 기술 부족 현상을 겪고 있다. 고등기술 부문에서는 준전문가와 교육, 공익사업 분야의 전문가 등이 부족한 것으로 나타났다. 특히 IT 분야의 시스템 설계자, 개발자, 분석가 및' 빅데이터(big data)'를 다룰 수 있는 분석전문가 등 디지털 및 IT 산업을 포함한 기업서비스 부문의 기술 부족이 두드러졌다(정민아, 2015: 65-66).

Crawford(2017)는 기술 부족에 따른 문제를 다음과 같이 지적하였다. 우리의 삶을 편리하고 풍요롭게 만들기 위해 다양한 도구와 기계들이 개발되어 인간의 손을 대신해 왔으나, 기계가 복잡하고 똑똑해질수록 그 구조적 원리를 찾기 어렵고 해결할 수 있는 방법을 실천하기도 힘들어졌다. 편리함이라는 것, 손과 몸의 사용을 줄이는 것이 되려 우리의 안전을 위협할 수 있음을 지적한 것이다. 머리와 손의 분리로 인한 기능 골절에 대한 문제는 Sennett(2008) 역시 지적한 바 있으며, 이를 '장인'의 일하는 방식을 자세히 들여다봄으로써 극복해 나가고자 하였다. 발전된 기술로 인한 인간의 문제를 노동의 가치를 일깨워준 장인의 원형을 통해 찾고자 한 것이다.

장인이라 하면 흔히 오랜 세월 한 가지 일을 자신의 혼을 담아 묵묵

1) UKCES(2014), The Labour Market Story: The State of UK Skills, UK Commission for Employment and Skills.

히 해냄으로써 최고의 경지에 이른 사람이라고 알려져 있다. 그래서 다양한 경험을 중시하고, 일 분 일 초가 멀다 하고 급변하는 이 시대와는 어울릴 것 같지 않은 사람, 전통을 고수하기 위해 변화를 받아들이기 힘든 사람일 것이라는 선입견이 있다. Sennett(2008)은 장인을 '일 자체를 위해서 일을 잘해내려는 욕망'으로 사는 사람이며, 이러한 욕망을 인간의 가장 기본적인 욕구로 파악하였다. 즉, 우리가 알고 있는 최고의 경지에 오른 사람만이 아닌 이러한 욕망에 충실하게 살아가는 평범한 사람들도 장인의 범주에 포함될 수 있음을 지적한 것이다. 더욱이 장인은 무언가에 확고하게 몰입하는 특수한 '인간의 조건'을 보여줌과 동시에 기계적인 기술 활동을 넘어 숙달된 경지에서 요구되는 윤리적 문제를 그들의 일을 통해 비춰준다.

일(work)은 행위의 실체이며 본질로써 현실적 표출인 직업과도 다르며, 경제적 보상을 획득하려는 노동과도 다르다. 일은 인간 삶의 기초이고 중심이며, 인간은 일을 통해 존재성과 유의미성을 확보한다. 따라서 일은 인간 성장의 기초가 된다. 이러한 의미에서 장인은 일을 통하여 존재의 의의를 실현하는 사람을 의미한다. 장인은 육체와 정신의 통합을 지향하며, 일의 동기를 이차적 보상에 두는 것이 아닌 일 자체에서 삶의 목적과 존재의 의미를 발견한다. 더불어 그 일을 통해 공동체에 기여하고자 하는 사람이다. 한마디로 장인은 일하는 사람의 전범으로 자신의 분야에 깊숙이 몸담으며, 자신이 속한 일의 세계에서 끊임없이 새로운 영감을 발견하고, 이를 통하여 능동적으로 자기 존재의 의의와 일의 깊이를 확장시켜 나가는 사람이다(장원섭, 2018).

이러한 시대적 변화 안에서 장인에 대한 연구물이 새롭게 부각되어 나오기 시작하였다. 장인의 생애사를 통한 장인정신과 문화에 대한 기존의 논의(김신영, 2016; 박경용, 2014; 이병준, 박응희, 2015; 이재실, 2011; 장인온, 장원섭, 2013)에서 장인을 통해 전문성을 바라보고자 하는 연구들(강예지, 장원섭, 2013; 권오현, 김민형, 2015; 배영주, 2012; 안주영, 2009; 오헌석, 2006; 서정화, 2017)이 나오기 시작한 것이다. 다양한 직업세계에서 전문가라 칭하는 많은 사람들을 제처두고 왜 장인, 그것도 수공업 장인에게서 전문성의 특성을 찾아보려는 것일까?

이것은 머리로 생각하는 전문가에서 벗어나 손으로 무언가를 만드는 장인이 우리가 간과하고 넘어간 배움의 중요한 요소들을 담고 있기 때문이다. 더불어 일과 삶의 부조화로부터 일의 본질이 왜곡되는 현상으로 인해 개인의 역량 계발과 정체성 형성을 위한 과정이 방향성을 잃고 있다는 것에 대한 문제 제기이기도 하다.

목공과 같은 수공업 분야는 물건이라는 사물을 통해 그들의 역량을 조금 더 구체적이고 객관적으로 들여다볼 수 있는 장점이 있다. 수공업 장인은 사물을 통해 상호작용하며 그와 관계된 많은 생각들을 물건에 함축시켜 놓는다(Korn, 2018). 또한 그가 대하는 대상의 물질적 특성을 이해하고 그 성질과 특성에 적응해 활용 범위를 넓혀나간다. 이것은 단순히 인간의 힘으로, 기술적 능숙함으로 대상을 자유자재로 다룬다는 것 이상의 의미를 담고 있다. 자신이 다루는 재료의 물성을 파악하고 이와 균형을 맞춰 다뤄 나가는 능력을 키운다는 것은 조화로운 삶의 방식을 배우는 일이기도 하다.

다시 말해, 현대의 장인을 통해 우리가 중요하게 되짚어보고자 하는 것은 일을 수단으로 여기는 것이 아닌 일을 통해 배움의 단계에 도달하고 성장하는 인간의 본질적인 모습을 찾는 것이다. 그리고 이 속에서 배움이라는 것이 자신의 정체성을 만들어나가는 서사 과정과 별반 다르지 않음을 확인해 보고자 하는 것이다.

나. 장인성의 개념과 형성적 특성

장인이라는 개념과 함께 중요하게 다뤄야 할 또 하나의 개념은 '장인성(匠人性)'이다. 장인성이란 개념이 등장하기 이전까지는 '장인정신'이라는 용어로 널리 사용되면서, 장인의 중요한 특징을 드러내는 개념 중의 하나로 받아들여졌다. 장인정신이란 철저한 직업 정신으로, 자기가 하고 있는 일에 전념하거나 한 가지 기술이나 일에 정통하려고 노력하는 것을 말한다. 장인들은 물건을 생산할 때, 기법의 수준을 스스로 속이거나 공법에 어긋나는 경우에는 장인정신을 어기는 것으로 보았다. 즉, 장인들은 스스로 그들의 최선을 추구하는 것에서 직업으로서의 만족을 찾았다. 이러한 장인정신은 전문적인 기능과 인격을 갖춘 개인적인 측면에서 벗어나 사회적으로 확대되어 철저한 직업윤리를 가능케 해 주는 것으로 나타난다(천정임, 2010).

한편, 시대와 분야를 초월한 프로 정신을 장인정신이라 정의하기도 한다(유홍준 외, 2010). 이에 따르면, 장인정신의 기본은 끝까지 하려는 자세와 노력이라는 점에서 혹독한 수련 과정을 거쳐 형성되는 것임을 강조한다. 따라서 장인의 혼이 들어간 물건이어야 제대로 평가받을 수 있다고 하였다.

건축 문화와 인간의 삶에 대해 통찰한 영국의 건축비평가 Ruskin (1885)은 산업화 시대의 도래와 함께 기계의 의존성이 커질수록 생산과정에서 장인의 긍정적인 역할이 더욱 중요해짐을 역설하였다. 그는 건축 활동에 참여하는 장인들이 추구해야 할 정신을 '희생, 진실, 힘, 아름다움, 생명, 기억, 복종'이라는 일곱 가지의 주제를 통해 제시하였는데, 그 내용은 다음과 같다(권오현, 김민형, 2015, 재인용).

<표 Ⅱ-1> 존 러스킨의 장인이 추구해야 할 7가지 등불

7가지 등불	내용
희생의 등불 (the lamp of sacrifice)	탁월한 작품을 만들기 위해 어떤 어려움도 감수하는 자세
진리의 등불 (the lamp of truth)	최고 경지에 오르기 위해 끝없이 기량을 갈고 닦는 구도자의 자세
힘의 등불 (the lamp of power)	막연한 의지가 아닌 전통적 표준을 계승하려는 절제된 자세
미의 등불 (the lamp of beauty)	보다 아름답고 정교한 작품을 추구하는 자세
생명의 등불 (the lamp of life)	작품을 통해 생동감과 활력을 북돋아 주는 자세
기억의 등불 (the lamp of memory)	오랜 역사를 이어온 장인들의 인간적인 고뇌와 노력의 역사를 존중하는 자세
복종의 등불 (the lamp of obedience)	장인이 만든 개별 작품보다 일을 통해 확립한 모범에 대해 복종하는 자세

출처: 권오현, 김민형(2015: 13) 재구조화

위의 논의들을 종합해 볼 때 장인정신에서의 '정신'은 그 일을 하는 사람의 마음 자세이자 태도를 일컫는 것이며, 매우 추상적인 표현이다. 그렇다면 이러한 장인정신만 있으면 장인이 될 수 있는가? 이에 대해 유홍준 외(2010)는 모든 사람이 장인이 될 수는 없으나 장인정신을 가질 수는 있다고 하였다. 다시 말해 장인정신만으로는 장인이 될 수 없음을 언급하였다. 따라서 장인정신은 장인이 하는 일의 결과물을 구체적으로 드러내 주지는 못한다. 열심히, 성실히 일할 수 있는 동기를 줄 수는 있지만, 장인의 숙달된 기술이 좋은 품질로 드러낼 수 있는 무언가가 빠진 개념인 것이다.

반면, 장원섭(2018)은 장인의 일과 배움에 대해 실재적인 개념으로서의 '장인성'을 제시하였다. 그는 장인의 정신과 마음보다는 실제 행위를 통해 최고의 결과물을 만들어낸다는 점에 더 주목하였다. 장인의 특성들은 몸에 배어 있는 행동으로 드러나는 것인데, 장인의 행위와 기술은 '손에 익은 것'으로 머리로만 아는 것이 아니라고 하였다. 즉, 어떤 분야든 오랜 기간 동안 한 분야에서 일해 온 사람들은 자신만의 고유한 행동 특성을 갖기 마련인데, 오랜 경험을 통해 몸에 밴 습성, 즉 그들의 고유한 행동 특성을 '장인성(匠人性)'이라고 하였다. 이는 장인정신을 포함할 수도 있으나, 물질성에 더 바탕을 둔 다른 차원의 개념이라고 하였다. 다시 말해, 장인들이 일하는 삶의 과정에서 체화하여 드러내는 일종의 행동 습성이자 장인의 몸에 밴 실천 양식을 '장인성'이라고 정의하였다.

장인의 이러한 특성을 바탕으로 보면 장인성은 태어날 때부터 타고난 천재성과는 다른 성장 과정에서 만들어지는 형성적인 특성을 가진다. 장인성은 개인의 삶과 사회적 구조가 얽힌 과정이라는 차원에서 개념화되며, 이는 장인이 가진 핵심적인 특성인 '일을 통한 자기존재의 실현', '자기 일의 리듬 지키기', '일에서의 자기주도성' 등을 포함한다(장원섭, 2018). 이러한 관점에서 장인성은 장인의 정체성을 담은 개념이자, 그의 정체성은 장인이 되어 가는 과정 안에서 만들어지는 것이라고 볼 수 있다. Korn(2018)은 '정신 지도'라는 용어로 장인의 정체성에 관한 개념을 정리하기도 하였다.

> 정신 지도란 내가 세상에서 지각하는 것과 그것이 연결되는 방식 그리고 만사가 왜 그러한지에 대한 이해가 얼기설기 얽힌 총합이다. 이 요소들은 하나의 형판에 융합되어 헤아릴 수 없이 복합적인 우주에서도 몇몇 단순한 좌표를 가리키며 내가 어느 정도의 확신을 가지고 “바로 여기에 내가 있다!”라고 말할 수 있게 해 준다(Korn, 2018: 204).

위 말에서 핵심적인 주제는 ‘선택’이다. 우리 모두는 각자의 정신 지도를 가지고 살아가고 있지만, 그 정신 지도가 어떤 근본적인 의미를 내포하고 있는지는 인식하지 못한다. 그러나 우리는 우리의 경험 안에서 자신의 욕망뿐 아니라 목표, 전략과 전술, 정체성과 진실을 바라보는 자신의 생각 그리고 규범적이거나 일탈적인 행동을 결정하는 고도로 복잡한 정신 지도를 해석하고 선택하며 삶을 탐험한다(Korn, 2018).

목공장인의 생활세계와 관련해서 이를 좀 더 구체적으로 들여다보면, 늘 들려오는 작업장의 톱날 소리가 미세하게 삐걱댈 때, 우리는 무심코 지나칠지 모르지만 목공장인의 정신 지도는 그 삐걱되는 소리의 원인을 찾아 손을 멈추고 이 소리를 의식에 가져와 어떻게 해석할지 판단한 뒤 다음 에 반응한다는 것이다.

이러한 장인의 특성은 자신이 맡은 일과 관련하여 수년 동안 경험해 온 시간과 맥을 같이 하며, 그의 생활세계 안에서 나름의 세계를 구축해 나갈 수밖에 없는 구조이다. 장인이 자신의 경험 안에서 신댁한 길은 장인성을 형성하는 과정이기도 하다. 그리고 이것은 장인의 정체성이자 역량의 결정체로서 부단한 경험의 축적이라는 형성 과정을 거쳐 비로소 이루어지는 것이다.

2. 숙달과 전문성

가. 숙련과 숙달

흔히 숙련과 숙달이라는 용어를 혼용하여 사용한다. 실제로 숙련과 숙달이라는 용어의 구분이 명확하지는 않지만, 대체적으로 기술과 관련하여 기능의 능숙함을 표현할 때는 '숙련'이란 용어를 주로 사용하고, 모국어나 언어의 능통함이나 유창함을 일컬을 때는 '숙달'이라는 용어를 사용하였다.

표준국어대사전에 따르면 '숙련(熟練)'은 연습을 많이 해서 능숙하게 익히는 것이고, '숙달(熟達)'은 기술이나 하는 일에 익숙하게 통달하는 것이라 제시되어 있다. 영어에서는 숙련을 'skill'로 숙달을 'mastery'로 사용하고 있는데, 'mastery' 역시도 숙련이라는 용어로 번역되어 사용된다는 점에서 두 단어의 의미를 크게 구분하여 사용하지 않음을 알 수 있다. 다만 'mastery'가 주인을 뜻하는 'master'에서 파생되어 나온 단어임을 감안해 볼 때 숙달은 주인의식을 가지고 이를 통제할 수 있는 권한을 가진 상태란 의미를 내포하고 있다고 볼 수 있다.

이와 같이 숙련은 행위의 능숙함에 의미가 집중되어 있는 반면, 숙달은 기술적 행위를 넘어 이와 관련된 사물의 이치나 지식에 관해서도 훤히 알고 있음을 내포한다. 더불어 숙련은 경험을 통한 기술의 발전 과정으로 현재진행형의 의미를 포함하고 있지만, 숙달은 그러한 상태에 도달한 현재 시점에 더 주목한다고 볼 수 있다.

Bloom(1976)은 완전학습이론을 통해 숙달의 개념을 정의하였다. 그에 따르면 숙달이라 주어진 학습과제의 약 90% 이상을 완전히 학습해 내는 것을 말한다. 완전학습이론에서는 최적의 학습조건에서 대부분의 학생들은 학습능력과 속도, 의욕 등의 요인에서 비슷한 수준을 보인다고 밝히고 있다. 교실 수업 상황에서 드러나는 우등생과 열등생의 차이, 그리고 학습 속도의 빠름과 느림의 대조는 불리한 학습조건에서만 나타나는 특수한 현상일 뿐이라고 지적했다. 따라서 개개인의 학습조건을 동일시했을 때, 누구나 완전학습을 위한 숙달의 상태에 도달할 수 있음을 제시하였다.

한편, 이마이무쓰미(2016)는 '숙달한다는 것은 해당 분야 지식의 시스템을 만들어가는 것'이라고 하였다. 그 과정에서 배우는 사람은 학습의 효율화를 위한 스키마를 만들고, 배우는 방식을 배운다. 즉, 숙달은 배움의 본질이요, 모든 배움은 숙달로 향하는 과정이라고 하였다. 신체를 자기 마음대로 움직일 수 있게 되는 것, 말로 이야기를 할 수 있는 것, 여러 가지 지식을 습득하는 것, 모국어를 배우는 것, 문자를 쓰는 방식을 배워 문장을 쓸 수 있게 되는 것, 이 모든 것들이 숙달의 과정인 것이다.

나. 전문성 발달과 숙달

일반적으로 전문성이란 특정 영역에서 지식과 기술을 가지고 높은 수준의 수행을 나타내는 행동이나 잠재력을 일컫는다. Herling(1998)은 전문성을 실행 과정의 효율성과 결과의 효과성에 주목하여 이를 가능하게 하는 개인의 일관된 행동이라 정의하였으며, Swanson(2001)은 수행의 수준에 초점을 맞춰 한 개인이 특수한 영역 안에서 수행할 수 있는 최적의 수준이라고 하였다. 이들에 따르면, 전문성은 결과를 중심으로 판단할 수 있으며 특수한 영역 안에서 높은 수준의 수행 결과를 보이는 것이다. 더불어 여기에는 이와 관련한 지식, 기술, 태도 등의 개념도 포함되어 있다.

그러나 전문성을 결과론적 관점에서 평가하기에는 전문성이라는 것 자체가 하루아침에 갖추어지는 것이 아닌 십 년 이상의 긴 시간을 필요로 한다는 점에서 무리가 있다. 이러한 문제의식에서 Swanson(2001)은 전문성을 일련의 개발과정을 겪는 여정으로 지속적 발달의 관점에서 이해되어야 한다고 지적하였다. 따라서 이 연구에서는 전문성 이론 중 전문성 발달 연구를 중심으로 숙달의 개념을 살펴보고자 한다. 특히, 전문성을 획득하는 과정에서 숙달이 지니는 의미에 주목해보고자 한다.

먼저, Dreyfus와 Dreyfus(1986)의 이론에 따르면 전문가는 5단계의 과정을 거치는데, 가장 낮은 단계인 초보자(novice)에서 시작하여 고급 입문자(advanced beginner), 능숙자(competent), 숙련가(proficient)의 과정을 거쳐 마지막으로 전문가((expert)의 단계에 도달한다. 이러한 단계를 거치면서 수행 능력에도 변화가 생기는데, 대표적인 변화로 3가지를 꼽았다. 첫째, 추상적 원리에서 구체적인 경험에 의존하는 것으로 작동 패러다임(working paradigm)이 변화한다. 둘째, 자신의 수행과 상황을 분리해서 보거나 관련성을 찾지 못하는 것에서 전체적인 맥락을 볼 줄 아는 것으로 변화한다. 셋째, 수행자의 위치가 상황과 동떨어진 관찰자(detached observer)에서 상황 안의 참여자이자 수행가(involed performer)로 변화한다.

특히, 가장 높은 단계인 전문가(expert)는 의식적인 앎 없이도 이해하고, 행동하며, 결과들로부터 배우기까지 하는 단계로, 전문가의 기술은 전문가의 일부가 되고, 전문가가 사용하는 도구는 몸의 연장(extension)

처럼 된다고 밝히고 있다. 마치 우리가 걷거나 말하거나 하는 등의 사회적 생활을 할 때 의식적으로 결정하지 않는 것처럼 전문가들은 해당 영역에서 무의식적으로 일을 처리하며, 이때 기술은 체화(embodiment)되어 나타난다는 것이다. 즉, Dreyfus는 전문가의 능력은 무의식적으로 수행되는 체화된 지식의 성격을 갖는다는 점을 강조한다.

Dreyfus와 Dreyfus 모형에서 기술 습득 단계의 전체적인 진행은 분석적 태도에서 숙련된 행동으로 변화한다. 다시 말해, 추상적 규칙을 사용하여 상황의 요소들을 의식적으로 분해하는 분석적 태도에서 구체적인 경험으로부터 유사한 경험을 통한 직관에 바탕을 둔 숙련된 행동으로 변화한다는 것이다. 이는 구조화되지 않은 상황에서 실천가들이 어떻게 행동해야 하는가를 배울 때 보이는 사고의 변화를 볼 수 있는 틀을 제공한다는 점에서 매우 유용하다(김정아, 2007).

또한 Alexander(2003)의 영역학습모형(Model of Domain Learning: MDL)에서는 전문성의 발달단계를 3단계로 구분하였다. 전문가가 되기 위해서는 적응(acclimation), 유능(competence), 숙달(proficiency)의 3단계를 거친다는 것이다. 특히, 숙달 단계에서는 해당 영역에서 주어진 문제의 이해를 넘어 문제를 발견하기 위해 자신을 둘러싼 상황 안에서 적극적으로 행동하며, 문제해결을 위한 연구방법론에도 통달해 있다고 하였다.

숙달 단계에서 MDL의 세 가지 요소는 지식, 전략적 처리, 흥미이다. 이 세 요소들은 하나의 힘에 의해 발달하는 것이 아니라, 세 요소들 간의 시너지를 통해 유능 단계에서 전문가 단계로 변화한다고 말하고 있다. 특히, 전략적 처리와 관련하여 전문가들 사이에 사용되는 전략은 거의 대부분 심층 수준의 처리전략만을 활용한다. 이는 전문가들은 의

문을 가지고 그 영역의 한계를 넘는 연구를 시행하기 때문이다.

심층 수준(deep) 처리전략은 텍스트를 더 깊이 파고 들어가, 이전 지식과 연결하고 비판적 읽기를 통해 자신만의 심적 모형을 형성하는 것을 말한다. 전문가들의 심층수준 처리 상황에서는 일상적 경험에서 쉽게 접할 수 있는 개인적 흥미는 매우 높은 반면, '여기 그리고 지금(here and now)' 즉, 특정 사건에 의해 관심이 반짝 일어나거나 그 관심을 돋우는 상황적 흥미에 대한 의존도는 낮은 것으로 드러난다(김정아, 2007).

반면, Fook, Ryan과 Hawkins(2000)는 오늘날 직업 전문성은 복잡하고 불확실한 맥락에서 이루어진다는 점에 주목하였다. 상황에 따라 맥락은 늘 변화하며 지식은 이러한 맥락에 따라 이해되고 의미를 만들어야 한다는 것이다. 이에 따라 모든 상황에 일반화될 수 있는 전문성 이론이 아닌, 한 상황으로부터의 지식을 관련 있는 다른 상황에 효과적으로 적용할 수 있는 실천가들의 전문성 이론을 구축하고자 하였다.

Fook, Ryan과 Hawkins(2000)의 직업 전문성 계발과정은 Dreyfus와 Dreyfus 모형에 세 가지를 추가하였다. 첫째, 초보자 전 단계로서 pre-study 단계를 포함하였으며, 둘째, Dreyfus와 Dreyfus 모형의 마지막 단계인 전문가(expert)에서 경험이 많은 숙련가(experienced)와 전문가(expert practice)를 구분하였고, 셋째, 맥락 지향적 영역과 가치 기반 영역을 추가하였다. 이에 따라 전문가 과정을 총 7단계(pre-student, beginner, Advanced beginner, Competent, Proficient, Experienced, Expert)로 나누었으며, 각 단계를 총 11개 요소로 분석하였다. 각 요소는 지식(substantive, procedural), 기술, 가치관, 맥락성(contextuality, reflexivity), 비전의 넓이(breadth of vision),

유연성과 창의성(flexibility & creativity), 이론의 활용(use of theory), 접근법(approach), 전문직에 대한 관점(perspective on profession)이다.

또한 직업 전문가들의 수행 특성을 크게 불확실한 상황과 변화에 대처하는 능력과 맥락적 능력으로 구분하여 보았다. 불확실한 상황과 변화에 대처하는 능력으로는 ① 유연성과 창의성, ② 지식, 이론 창조, 전이가능성, ③ 우선순위 능력, ④ 지속성의 다른 형식 개발하기, ⑤ 변화를 기회나 도전으로 보기 등이다. 맥락적 능력으로는 ① 연결된 실천, ② 상호 연결성과 통합, ③ 더 광범위한 가치들의 관여, ④ 기술들을 맥락적 용어로 바꾸기 등이다.

Dreyfus와 Dreyfus(1986), Alexander(2003), Fook, Ryan과 Hawkins(2000)의 이론에서 발견한 한 가지 흥미로운 사실은 숙달의 특징을 숙달되는 기술이나 경험과 이를 숙련한 개인으로 제한하여 보기 어렵다는 점이다. 즉, 개인을 둘러싼 상황과 그 상황에 관여하는 다양한 요인까지도 숙달의 범주 안으로 포함시킬 수 있음을 제시하였다. 따라서 '숙달'이란 기능적인 역량의 향상은 물론 이를 둘러싼 상황과 맥락의 이해까지도 포함하고 있음을 알 수 있다.

3. 상황학습과 일상의 실천

가. 일터학습

일터학습(workplace learning)은 인류 역사의 시작과 더불어 존재해 왔으나, 사람들은 그러한 활동들을 학습이란 개념보다는 일이라고 사고하여 왔다. 흔히 '일(work)'을 직업과 관련된 생계 수단으로만 좁게 생각하는 경향이 있지만, 비교적 단기간에 소규모의 활동을 통하여 원하는 바를 달성하려는 활동에서부터 장기간에 걸쳐 체계적으로 전개되는 활동에 이르기까지 다양한 인간 활동들은 모두 일의 범주에 속한다(Matthews, 1999). 일은 규칙을 만들고 준수해 나가려는 아동들의 놀이 활동은 물론이고, 아동과 상호작용하면서 말을 가르치는 어른의 활동, 필요한 물건을 만들기 위한 요리, 재봉, 목공 등 일상적인 활동부터 공방과 연구실에서 작업하는 전문적인 예술가들과 학자들의 활동, 공장과 사무실에서 작업하는 노동자들의 활동 등 모두를 포괄하는 개념이다(Csikszentmihalyi, 2000; Dewey, 1916; 배영주, 2012, 재인용).

Sennett(2008)은 인간의 노동과 일을 인간사회의 모든 활동 중에서 물과도 같은 근본 재료라고 표현하였다. 특히, 인간의 가장 기본적인 욕구를 일하는 모습을 통해 찾고자 했으며, 여기서 인간의 원초적 정체성을 찾고자 했다. 이런 점에서 일하는 장소로서의 '일터'는 우리의 삶을 아우르는 대부분의 양식이 만들어지는 곳으로 볼 수 있을 것이다. 그러나 일이 주는 이러한 광범위한 개념과 달리 일터학습은 '학습'에 초점이 맞춰지면서 편향되거나 한정적인 개념을 담는 방향으로 전개되어 왔다.

일반적으로 일터학습(Workplace Learning)이란 실행학습(learning by doing), 경험적 학습(experiential learning)과 연계되어 구성원이 일을 잘할 수 있도록 '일터에서 이루어지는 다양한 학습활동'을 총칭하는 말이며, 여기에서 일터는 단순히 일을 하는 장소를 넘어 학습이 이루어지는 모든 장소를 포함한다(송달영, 2019). 일터학습(workplace learning)은 매우 다양한 활동을 포함하기 때문에 하나의 개념으로 정의하기 어렵다(Matthew, 1999). 우리나라에서 역시 일터학습, 작업장

학습, 산업교육, 기업교육, HRD, 크게는 평생 직업학습이란 다양한 이름으로 사용하고 있어 일터학습의 범위와 개념이 명확하게 정의되지 않고 있다(김권필, 2015). 이는 학자마다 보는 관점에 따라 일터학습을 다양하게 정의하고 있기 때문이다.

일터학습을 최초로 개념화한 학자는 Marsick와 Watkins(1987)로 일터에서 이루어지는 모든 학습활동을 일터학습으로 정의하였다. Billett(1994)과 Cunningham(1998)은 일터학습에서 중요한 것은 다른 사람과의 지속적인 사회적 상호작용이라고 하였다. 특히 전문가와 비전문가 사이의 협동과 조력이야말로 일터학습의 핵심이라고 설명하였다. 이후 Jacobs와 Park(2009)는 일터학습을 근로자의 역량 개발을 위한 중요한 방법이며 개인, 팀, 조직의 성과향상과 개인의 역량 개발과 관련한 학습 과정으로 정의하였다.

한편, Colley, Hodkinson과 Malcom(2003)은 학습 상황을 형식성의 유무에 따라 형식적 학습과 무형식적(비형식적) 학습으로 구분하였다. 일터학습의 구성요소에 있어 가장 많이 도출된 것들이 계획성 유무, 형식성 유무, 그리고 작업현장 내(on-the-job)와 작업현장 외(off-the-job)에 따른 학습 유무 구분이며 학습 상황을 구분하는데 이러한 단어들이 중요하지만, 여전히 개념들의 차이로 인해 명확한 구분은 어려움이 있다고 언급하였다(Clarke, 2005).

반면 우리나라에서 논의된 일터학습 연구를 살펴보면, 이윤하(2010)는 지금까지 논의된 일터학습 정의에 관해 크게 세 가지로 분류할 수 있다고 하였다. 즉, 일터에서 이루어지는 모든 학습활동을 일터학습으로 보는 관점, 일터에서의 성과향상 활동을 일터학습으로 보는 관점, 타인과의 상호작용을 일터학습으로 보는 관점이 그것이다.

진성미(2015)는 지금까지 일터학습과 관련한 논의의 흐름을 살펴보면 개인 학습을 중심으로 한 논의와 사회문화적 관심을 중심으로 한 논의로 구별되어왔다고 지적하였다. 개인 학습과 관련하여서는 개인의 업무수행을 위한 심리학적 학습이론에 근거하여 전문성의 개발 및 인지적 접근, 무형식학습 등의 논의들이 있었다. 사회문화적 관심과 관련해서는 상황학습이나 학습공동체, 활동이론과 같이 학습의 사회적 맥락과 개인과 일터의 학습환경 및 사회문화적 조건의 관계와 관련된 것들이었다.

일터학습과 학습전이의 관계에 대해 밝힌 송달영(2019)은 일터학습의 개념을 다음과 같이 정의하였다. 그에 따르면, 일터학습은 일터 현장에서 개인과 개인, 개인과 조직 간의 상호작용을 통하여 형식지와 암묵지를 포함한 일터 업무에 필요한 역량(지식, 기술, 자세)을 형식적, 비형식적으로 습득하는 모든 과정이라고 하였다.

위에서 논의된 일터학습의 개념을 정리해보면, 일터학습은 일터라는 공간을 기반으로 개인과 개인, 개인과 조직 간, 넓게는 사회와의 상호작용을 통하여 일과 관련한 업무 역량을 습득하는 데 필요한 지식을 형식적, 비형식적, 혹은 무형식적으로 습득하기 위해 이루어지는 학습과정이라고 할 수 있겠다. 이러한 정의는 일터학습을 지식의 획득과 전수 과정으로 바라보며 개념화한 경향이 크다고 볼 수 있을 것이다.

학교 담장을 넘어 일터에서 일어나는 일들을 학습으로 바라보기 시작한 것은 성인 학습론이 학문적 담론으로 등장하면서 가능했던 일이다(정연순, 2004). 이는 학습이 점차 범 생애적으로, 유기적으로, 역동적으로 확장되고 연결되어 가고 있다는 평생학습 패러다임 변화의 흐름을 반영하고 있는 것이다(안동윤, 2006). 그러나 학습 영역의 확장에도 불구하고 여전히 전통적인 인지주의 학습관에 기초하여 일터에서의 학습

역시 개인 차원에서 일어나는 지식의 획득 과정으로 바라보는 견해에서 벗어나지 못하고 있다.

학습을 개인적 차원의 지식 획득 과정으로 보는 관점은, 학습이란 개인이 새로운 개념과 기술, 행동 등을 획득하고 활용하는 과정으로서 개별 구성원의 학습 그 자체는 조직의 자원이 되는 역량으로 간주한다. Bates와 Holton(2004)에 따르면 이 관점은 개인이 획득할 지식을 형성·선택·이용하는 방법에 초점을 맞추면서, 획득할 지식은 바로 실천에 전이가능하고, 개인의 능력으로 측정 가능하며, 그렇기 때문에 지식 획득을 위한 학습활동에 대한 투자의 기대 효과를 충분히 예측 가능하다고 전제하게 된다(배을규, 2007).

일터학습을 개인적인 지식 획득 과정으로 보게 되면, 학습이란 개인이 기존에 보유한 지식에 새로운 지식을 추가하는 과정이 되고, 지식 그 자체는 학습하는 개인이 단순히 수용하기만 하면 되는 미리 존재하는 실체로 인정해야 한다. 그러나 그런 관점은 일터 구성원들이 학습 경험의 의미를 개인적으로 혹은 집단적으로 서로 다르게 구성하고, 자신들이 참여하는 일터 조직의 사회적 맥락 조건 하에서 학습되는 지식의 성격을 충분히 고려하지 못하게 된다. 왜냐하면 일터에서 학습되는 지식은 항상 재구성되고 변화하는 성격을 갖고 있기 때문이다.

기존의 일터학습에 대한 이러한 문제점을 지적하며 최근 일터학습 이론들은 일터에서의 학습을 개인의 학습을 넘어 학습의 사회문화적 맥락성을 고려하여 이해해야 한다는 점을 강조한다. 특히, 상황학습이나 활동이론 등 실천중심의 학습이론에서는 일터를 사회적 상황으로 실천의 맥락이 형성되는 곳으로 바라봄으로써 그동안 일터학습 과정에서 배제되어 왔던 다양한 요인들을 분석의 대상으로 바라볼 수 있게 하였다.

이와 관련하여서는 뒤에서 자세히 다루도록 하겠다.

나. 상황학습과 암묵지

경험이란 삶의 과정에서 실제로 보고 듣고 겪는 모든 일을 일컫는다. 그리고 그 과정에서 사람들은 지식이나 기능을 얻게 된다. 이런 점에서 경험은 학습에 있어서 출발점이며 필수적 자원이다. 또한, 학습은 이미 가지고 있는 다양한 경험을 새로운 정보의 습득과 결합시키는 역동적 과정이다.

경험학습은 경험을 통한 학습, 또는 경험에 의한 학습을 말한다. 학습에 있어서 경험이 중요한 자원으로 대두된 것은 Dewey(1938)로부터 시작되었다. 그는 인생이란 경험 개조의 연속이며, 경험 과정 속에서 학습하고 경험 속에서 성장해 간다고 하였다. 따라서 경험의 질을 엄밀히 분석한 다음 경험의 가치 판단 기준을 세움으로써 경험의 질을 발전시켜 나가는 것을 학습으로 보았다. 이에 따라 인간의 상호작용에 있어 궁극적인 의의 역시도 경험의 질을 발전시키는 것으로 파악하였다(Dewey, 2007).

Kolb(1984)는 학습을 경험의 전환을 통한 지식의 창조 과정으로 보았다. 그는 4단계 순환모형을 통해 경험과 지식이 순환되는 과정과 단계를 제시하였다. 이 모형에서 학습자는 구체적 경험(Concrete Experience)에서 시작하여, 그 경험에 대한 성찰적 의미 부여(Reflective Observation) 과정을 겪는다. 학습자는 이 경험으로부터 얻은 의미를 다른 사람의 경험과 통합하여 일반화하는데, 이를 추상적 개념화(Abstract Conceptualization)라고 한다. 이를 통해, 다음에 이와 유사한 상황이 발생할 경우 자신의 행위 지침으로 적용하는 적극적 실천(Active Experiment)의 단계를 거친다. 이와 같이 Kolb는 경험을 하나의 이해와 실천을 통해 전환하는 과정이라고 보았으며, 이런 과정을 통해 새로운 지식이 창조되는 전체 과정을 경험학습이라고 하였다.

한편, 일터에서의 경험학습은 학습의 공간을 일터로 생각하며 그 안에서 일어나는 경험의 내용을 들여다보고자 한 것이다. 일터라는 공간의 성격이 형식교육기관이 아닌 만큼 이 안에서 일어나는 경험학습은 비형식적 혹은 무형식적 교육을 기반하고 있다. 더불어 일터 내에서 이루어지는 학습은 의미 있는 타자와 사회적 상호작용을 통해 이루어지는 경우가 대부분이다. 특히, 일터에서는 예상치 못한 다양한 상황에 직면하게 되는데, 이러한 상황을 해결하는 과정에서 학습이 일어난다고 보고 있다. Marsick & Volpe(1999)와 Marsick & Watkins(2001)는 일터에서의 학습 형태를 형식 학습, 무형식 학습과 우연적 학습으로 구분하였는데 특히, 일상생활 속에서 이루어지는 무형식적이고 우연적인 학습 경험을 강조하였다.

김정아(2007)는 방송사 PD를 대상으로 경험학습을 통해 전문성을 계발하는 과정과 그 구성요소를 탐구하였다. 특히, 전문성 계발과정을 예비 단계, 탐색 단계, 적응 단계, 성취 단계, 창조적 실천 단계로 나누어 방송사 PD의 전문성이 어떻게 질적으로 변화되고 성장하게 되는지 분석하였다.

이재실(2011)은 대한민국의 명장 네 명을 대상으로 내러티브 연구를 실시하였다. 그럼으로써 성인학습자로서 명장들이 경험학습을 통해 성장해 나간 과정을 탐구하였다. 이 연구에서는 명장이 일터경험학습 진입기, 일터경험학습 발아기, 일터경험학습 확장기, 일터경험학습 완숙기 등 4단계의 과정을 거치면서 성장한다는 사실을 밝혔다.

일터에서의 경험학습과 관련한 위와 같은 연구는 학습과 관련하여 경험을 어떻게 볼 것인가에 주목하고 있다. 더불어 경험을 통해 학습한 내용과 학습의 성격, 그 과정에서 일어나는 사고의 전이와 성장 과정을 규명해 보고자 노력하였다. 그러나 일터에서의 경험학습은 대부분 감각적 지식과 같은 형태로 이는 암묵지의 생성과 공유로 다루어진다는 점에서 경험의 속성을 자세히 들여다볼 필요가 있다.

암묵지는 경험을 통해 습득함으로써 개인에게 체화(體化)되어 있다는 점에서 경험지(experiential knowledge)라고 불리기도 한다. Sennett (2008)은 체화 과정으로써 체득(體得, embed)한다는 것은 모든 기능에서 본질적인 과정이라 보았다. 그에 따르면 보고 들은 내용과 실제로 해본 경험이 암묵적 지식으로 차곡차곡 쌓이는 과정이다. 우리가 '본능적'인 행동이라고 일컫는 것은 일상적으로 반복하다 보니 별 생각 없이 하게 되는 행동을 뜻한다. 하나의 기능을 배우는 과정은 그렇게 반복되는 복잡한 절차를 일사불란한 목록처럼 숙달해가는 과정이다. 기능이 높은 단계에 들어서면, 이러한 암묵적 지식과 스스로 자신을 비춰보는 자기의식 사이에 끊임없는 상호작용이 생긴다. 이 상호작용을 일으키는 기준점은 어디까지나 암묵적 지식이다. 형식지, 즉 명시적 의식은 암묵적 지식이 펼쳐놓은 무대에서 비판하고 교정하는 역할을 한다. 이러한 의미에서 암묵지는 개인의 경험과 경험 당사자가 처해 있는 상황을 중시할 수밖에 없으며, 상황은 우리가 예상할 수 없는 다양한 변수를 동반한다. 우리의 행위는 이러한 상황적 변수들을 지금의 관심과 목적에 맞도록 조율해 가면서 성취되는 것이다.

우리가 경험하는 것에는 맥락이 내재적으로 관여되어 있다는 점은 상황학습론에서 꾸준히 거론되어 왔다(Lave & Wenger, 1991, 손민호 역, 2009). 상황학습론에 따르면 우리는 낱낱의 지식이나 기술을 습득한다기보다는 그러한 지식이나 기술을 포함한 맥락에 대한 경험과 실천을 학습한다. 가정에서 부모의 삶을 통해 어른으로 성장하는 아이도, 유전자 변형을 연구하는 바이오 실험실이나 AI 연구실에 갓 들어간 신참 연구자도 공동체의 실천에 참여해가는 도제(apprentice)라고 할 수 있다. 상황학습의 관점에서 보면 피타고라스 정리의 원리를 통해 학생들이 배우는 것은 수학적 지식뿐만 아니라 이를 설명하는 교사의 실천을 모델링한다. 그들이 섭렵해야 할 지식이나 기술은 실천의 한 부분이며 삶과 일의 현장이자 터전의 일부다. 상황학습의 관점에서 보면 결국 현대의 지식학습이나 지식노동은 근대 이전 경험학습이나 육체노동과 본질적으로 다르지 않다.

상황학습론은 우리가 무언가를 배울 때 실제로 경험하는 것이 무엇인가를 보기 위해서는 우리 안이 아닌 밖을 주시할 필요가 있음을 역설하였다. <그림> 파블로프의 개에서 생리학자들의 관심사는 개의 생리학적 변화에 천착되었다면 상황학습론자들은 개를 둘러싼 일련의 장치와 실험 등 실험 상황의 조건, 적합한 조건을 구성하느라 애쓰는 과학자들의 실천과 그에 대한 개의 반응에 주목하였다. 현상학적인 용어를 빌어 표현하자면 학습된 결과인 머릿속 지식이나 신체의 암묵지는 항상 우리 밖에 있는 대상을 지향하고 있다는 사실을 일깨우고자 하였다. 우리의 경험이 우리 밖 대상을 지향하고 있다는 점은 우리가 무언가를 학습하고 있는 과정에서도 여전히 유효하다. 도제로서의 학습자는 자기 안 지식에만 머물지 않고 실제 맥락에 끊임없이 천착하며 부단한 연습과 실천을 통해 자신의 주의(attention)와 손의 촉감에 있어서 변화를 부지불식간에 그리고 서서히 경험해간다.

학습자는 타자 또는 사물과 함께 맥락을 구성하기도 하지만 다시 그 맥락에 의해 영향을 받는다. 형광 사인펜으로 밑줄친 문장은 페이지의 전체 문단의 배열에서 우리 주의의 촛점을 재구조화한다. 교사의 질문은 학생에게 답변해야 하는 맥락을 형성하고 그의 답변은 교사에게 다시 그에 응답할 맥락을 조장한다. 지도를 따라 골목길을 돌아서면 지도에 나와 있는 카페가 있는 건물을 발견할 수 있고 그 건물은 그 다음 우리가 가야 할 방향과 거리감에 대하여 이정표와 같은 맥락을 제공한 다. 이런 방식으로 우리의 현재 행위는 다음 행위에 대하여 맥락을 구성한다.

경험학습에 있어 맥락에 관여하는 것들은 주변적 요소로 다루어질 뿐 상호작용의 대상으로 다루어지고 있지 않다. 이에 대해 조현영(2017)은 경험이 어떻게 맥락적으로 학습되는지를 경험 상황에 대한 미시적 분석을 통해 드러낸 바 있다. 특히 암묵지가 생겨나는 조건으로 학습자와 객체 대상 간의 상호작용 범위를 벗어나 그것과 관여된 지식은 물론 그것을 다루는 기술과 정서에까지 포괄하여 다루고자 하였다. 경험과 지식 그리고 학습을 바라보는 관점을 상황주의 패러다임에서는 어떻게 바라보고 있는지 다음과 같이 정리하고 있다(조현영, 2017: 29-30).

첫째, 경험은 그 지식이 다루고 있는 객체뿐만 아니라 맥락으로 분산되어 있다. 따라서 모든 경험은 우선적으로 개념이나 표상으로 매개되지 않은 직접적인 경험이고 따라서 그 경험들은 즉흥적이고 생성적인 성격을 띤다.

둘째, 맥락은 우리가 대면하는 대상이면서 또한 그 안에 거주하는 공간이다. 따라서 직접 경험으로서 지적인 경험은 객체 또는 이를 둘러싼 타자들, 즉 맥락과 직접적으로 상호작용하는 가운데 비롯된다. 동시에 그것은 맥락의 흐름으로 임베디드(embedded)되어 있다.

셋째, 문제해결과정에서 실제로 작동하는 추론은 맥락적인 단서와 자원을 동원하는 만큼 상황 맥락적이다.

넷째, 지각과 행위 그리고 정서, 지적 경험은 개념이나 지식에 매개되지 않은 직접적인 경험인 만큼 학습은 이해나 사고의 문제가 아니라 지각과 행위 더 나아가 정서나 감성의 문제다.

다섯째, 모든 경험은 비매개적인 직접 경험이며, 동시에 타자들과의 공유 및 재생산 가능성을 전제로 하는 만큼 그것의 학습에는 타자와의 조율과 타협, 종과 모델링 등이 관여된다.

여섯째, 우리 경험을 이끄는 활동 시스템으로서의 맥락, 즉 즉각적이면서 미시적인 환경을 구성하기 위해서는 자신을 어떤 맥락에 처하게(positioning)하는 행위 즉 참여 행위가 요구된다.

일곱째, 학습은 개인 내적인 구조의 변화가 아니라 개인과 맥락 간의 관계 양상의 흐름이다.

이상으로 경험학습의 개념을 바탕으로 경험의 내재적 속성으로서 상황과 맥락을 함께 살펴보았다. 그 결과 경험은 실천을 기반으로 하며, 실천 안에서 드러나는 우리의 행위는 협상과 조율의 맥락적 행위임을 알 수 있었다. 특정한 상황 안에서 우리의 행위를 이끄는 것은 학습된 지식과 사고에 의해서가 아닌, 상황에 대한 우리의 지각과 감정, 정서라는 점에서 학습에 대한 관점 전환이 요구된다. 이에 따라 일터에서의 경험학습도 이러한 상황학습에 근거해 경험을 만들어내는 맥락을 자세히 들여다볼 필요가 있을 것이다.

다. 활동체계의 확장

앞서 경험을 삶의 과정에서 실제로 보고 듣고 겪는 모든 일을 일컫는다고 하였다. 그리고 그 과정에서 얻게 되는 지식이나 기능을 학습으로 보며, 경험학습으로 정의하였다. 이를 통해 보면 경험 안에는 늘 실천이 존재하는 것이 아님을 알 수 있다. 실제적 행위, 실천 없이 보고 듣는 것만으로도 경험이 될 수 있으며, 이러한 경험이 주는 의미만으로도 학습에 주는 효과가 크다는 것을 전제한다. 그러나 5세 아이가 알파벳 'P'를 배우는 상황을 관찰한 예는 본다는 것과 실제적 행위가 얼마나 큰 차이가 있는지 확인시켜 준다(조현영, 2017). 아이에게 'P'의 형상은 이해를 바꿈으로써 도달한 결과가 아니라 누군가와 호흡을 맞추며 직접 자신의 손을 움직여 차이를 발견하는 실천의 산물이었다.

이처럼 실천은 우리의 활동이 포함되어 있는 개념이다. 일터에서의 실천이라고 하는 것은 사람들이 그들의 업무를 처리하고 그 과정에서 만족스러운 경험을 갖기 위해 발전시켜 나가는 특정 활동을 가리킨다. 실천의 개념은 활동을 포함하지만 활동 자체는 아니다. 그것은 우리가 하고 있는 일에 의미와 구조를 부여해 주는 역사적이고 사회적인 맥락 내에서의 활동을 말한다(Wenger, 1998).

더불어 실천은 항상 이론을 포괄하거나 초월한다. 다른 말로 하면 어떠한 이론도 관련 실천을 완전히 재현해 낼 수 없다. 실천은 그 자체로 반성을 함축한다. 예컨대, 전문가들의 전문성을 떠받치고 있는 전문지식은 실제적인 판단이나 이해에 기반한 실천에 바탕을 두며, 연구공동체는 이론이라는 것을 생산하는 데 보다 전문화되어 있지만, 이러한 이론을 생산하는 양식은 근본적으로 실천의 양식에서 벗어나지 않는다. 이 때문에 어떠한 이론과 규칙도 실천의 과정이 가지고 있는 복잡한 상황의 흐름을 완전히 재현해 낼 수 없다.

따라서 실천한다는 것은 구체성과 추상성이 공존하는 개념이다. 즉, 앎과 행위가 동시에 실현되는 상황이다. 특히 명시적 지식이 아닌 관례나 직감, 지각, 구체적 이해, 세상을 보는 관점 등과 같은 암묵지를 습득하는 데는 실천이 수반될 수밖에 없는 구조이다. 실천안에 암묵지가 맥락적으로 관여되어 있다고 볼 수 있다. 김치 장인의 손맛은 김치를 담그는 과정에 참여함으로써 구현해 낼 수 있다. 특히 이러한 참여 과정 안에서 김치가 숙성되는 동안 최고의 맛을 지켜내기 위한 비법을 습득하는 것은 수개월 간의 반복된 연습을 통해서이다. 이와 같은 과정을 통해 혀끝에서 느끼는 맛의 미묘한 차이를 감각적으로 실현시킬 수 있다.

그동안 암묵지의 습득과 관련하여 암묵지가 생겨나는 조건을 주체와 객체와의 상호작용에 초점을 맞춰온 경향이 크다. 그러나 객체를 둘러싼 주변적 환경과 상황적 맥락이 암묵지의 형성 과정에 얼마나 깊숙이 관여되어 있다. 이전까지 사람들은 어떤 일을 시작하기 전에 머릿속으로 계획을 수립하며, 그러한 계획이 한 단계 한 단계 실행에 옮겨지는 방식으로 행위가 발생한다고 암묵적으로 생각해왔다. 그러나 그는 이러한 암묵적 전제가 간과하고 있는 점을 실제 맥락이 갖는 우연적인 것들(contingencies)과 즉흥적으로 취한 것들(immediacies)이 사람들의 행위에, 특히 상호작용에서 어떻게 작용하는지를 통해 보여주었다. 이러한 특성들은 그동안 인지심리학 연구에서는 사고나 학습행위에 부차적이거나 외재적인 요인으로 무시하거나 배제해 왔지만, 사실은 사고와 행위의 내재적 요인임을 설득력 있게 설명해 주었다.

우리의 경험에 스며든 상황적 속성에 관하여 가장 체계적으로 해명하고자 한 철학으로 현상학을 들 수 있다. 우리가 가진 경험이나 지식이 우리 내부의 메커니즘 작용에 의해 일어나는 것이 아닌 외부세계와의 교감에 의한 것임을 밝혀 왔다. 이러한 현상학의 영향 아래 상황학습론에서는 우리의 실천적 행위가 내포하고 있는 합리적 근거를 우리가 구성하고 영향을 받게 되는 상황이나 맥락에서 찾고자 하였다(Lave, 1993).

Winch(1958)에 따르면, 기계공이 기계를 수리할 수 있게 되었다는 것은 기계를 수리할 수 있게 되었다가 아닌, 다른 기계공이 기계를 수리하는 것을 보고 배워서 그것과 같이 할 수 있음을 의미한다. 이는 암묵지가 생겨나는 조건으로 학습자와 사물 대상 간의 상호작용만을 생각할 수 없음을 보여준다. 이러한 사물을 마주하는 일과 연관되어 있는 사람들과의 상호작용 또는 공유 가능성은 사물에 관한 지식이나 기술에 깊숙이 스며들어 있다. 우선 '누가' 그렇게 하느냐의 문제가 우리 사물의 경험에 암묵적으로 함축되어 있다는 것이다.

이러한 상황 맥락의 확장과 관련하여서는 활동이론(activity theory)을 통해 자세히 들여다볼 수 있다. 활동이론은 활동의 생성, 구조, 과정을 분석함으로써 일상의 생활세계 안에서 살아가는 개인과 집단에 대해 이해하고자 하는 사회심리학 이론이다. 활동이론에서는 일터학습에 대한 분석의 범위를 과업으로 한정하지 않고 상황 맥락 그리고 주체의 세계와의 상호작용 상황까지 확장해 보도록 한다.

활동이론에서 분석의 근거는 사람과 인공물로 풍부한 사회적 매트릭스 안에서 실행되는 활동이다. 특히, 활동이론에서는 주체와 객체의 경계를 허물며, 활동의 성격에 따라 주체와 객체가 변화하며, 주체의 발달적 변화는 활동 참여를 통해 발생한다고 보고 있다(Leontiev, 1978). 구성요소가 무엇이냐에 따라 활동을 정의하고자 하는 직접적이고 논리적인 접근 방식에는 문제가 있으며, 활동을 분석의 기본 단위로 할 때 주체와 객체를 둘로 분리해서 따로 분석하는 방식으로는 생각지도 못한 엉뚱한 이해에 도달할 수 있다(Kaptelinin & Nardi, 2006).

더불어 활동의 주체를 인간으로 한정하는 것에서 탈피하기 위해 활동이론에서는 에이전트(agent) 개념을 활용한다. 에이전트는 결과물의 생산이라는 측면에서의 행위 능력을 말하며, 그것은 주체와 객체 모두에 해당하는 근본적인 속성을 보여준다. 이에 따라 인간 역시 에이전트로 바라보며, 기계, 사물 에이전트와 같이 인간과 사회가 가진 지위와 능력을 위임함으로써 발생하는 현대 테크놀로지의 복잡한 유형까지도 포괄적으로 다루고자 한다.

이러한 관점에 따라 활동이론에서는 인공물과의 매개 개념을 중요한 분석 단위로 두고 있다. 인공물은 인간의 문화적 욕구에서 만들어진 에이전트이며, 인간은 의도와 욕구를 추구하기 위해 인공물을 설계하고 배치하며 이에 따라 자신의 욕구를 영위한다. 활동이론에서는 매개의 원리를 반영하여 인간 에이전트의 권한에 대해 개념화하였다. 도구는 사람과 세계 사이를 매개하면서 능력을 부여받게 되는데, 사람들은 자신이 추구하는 목표를 성취할 수 있는 힘을 키우기 위해 도구에 의존한다(Bakhtin, 1981; Wertsch, 1998).

Zinchenco(1996)는 첼리스트 Rostropovich와 그의 첼로가 주는 매개 경험의 질에 관해 이야기한 적이 있다. Rostropovich와의 인터뷰에서 그와 첼로의 관계에 대해 물었을 때, 그는 다음과 같이 대답했다.

> 우리 사이에 경계는 더 이상 존재하지 않습니다. 언젠가부터 첼로와 나 사이의 경계에 대해 더 이상 느낄 수 없습니다.……글릭만(Gilkman)의 초상화에……거기에 내가 있었고 첼로는 내 배 위에 있는 붉은 사물같이 느껴집니다(Zinchenco, 1996).

위 인터뷰에서 배에 있는 붉은 사물이란 표현은 자신이 소중히 여기는 기술을 어떻게 느끼게 되는지 잘 보여주는 적절한 은유이다. 이는 기술이 인간과 사물을 친밀한 관계로 연결 짓는 동시에 숙련된 기술일수록 그 경계를 가늠할 수 없을 정도로 자신을 신체화하여 받아들이게 함을 의미한다.

나아가 활동이론은 의식(consciousness)과 활동의 통일성(unity)을 이해하고자 한다. 활동이론은 의식을 일상의 실제 활동 맥락에서 사람과 인공물의 상호작용 산물로 해석하는 인간 의식에 대한 사회이론이기도 하다. 의식은 관심, 의도, 기억, 학습, 추론, 연설, 성찰, 상상력으로 구성된다. 일상 활동에서 이런 역량을 실행함으로써 우리는 발달한다고 말한다(Kaptelinin & Nardi, 2006).

실제 활동에 뿌리를 둔 이러한 사회적 접근은 의식을 유전적 소질로 보는 생물학적 설명이나 신경조직 수준에서 설명하는 신경과학의 관점, 꿈을 통해 접속 가능한 보편적 원형으로 보는 융의 관점과 대조된다. 활동이론에서는 의식은 일상적인 실제 활동에서 우리가 하는 행위로 실현된다고 설명한다.

활동이론에서는 아동의 세계 안에 있는 중요한 사람과 활용 가능한 인공물을 찾는다. 많은 문화권에서 아동들은 교사에게 수학을 배우며, 교사는 아동들에게 수와 연산 방법을 설명해 주고 동기부여가 되도록 격려한다. 아동들은 경험이 많은 또래들과 상의할 수도 있다. 아동들은 처음에는 몸을 사용해서 계산하는데, 덧셈과 뺄셈이 내재화될 때까지 마음속으로 헤아린다. 손가락은 계산에 도움이 되는 마킹장치로 전유되어 유용한 '인공물'로 작용한다. 아동의 수셈이 실제를 터득하게 되면, 계산은 활동이론가가 칭한 행동의 내재적 수준으로 이동하며 수학은 머릿속에서 이루어진다.

여기서 특이한 부분은 실제 학습은 수셈 문제의 재현이나 수셈 과정의 요점에서 벗어난 교사, 친구들, 손가락이 있는 환경으로 넘어간다는 것이다. 아동 세계의 이러한 측면은 아동의 수셈을 학습하는 방법을 이해하는 데 필수적이다. 대부분의 이론은 이러한 측면들을 놓치거나 한 가지 측면, 예를 들면 교사 또는 문제가 종이 위에서 재현되는 방식만을 본다. 활동이론에서 분석의 근거는 사람과 인공물로 풍부한 사회적 매트릭스 안에서 실행되는 활동이다(Kaptelinin & Nardi, 2006).

활동이론이 학습 개념에 대해 우리에게 주는 또 하나의 시사점은 바로 '확장적 학습'에 대한 관점을 제공해 준다는 것이다. '확장적 학습'은 활동체계가 어떻게 변화하고 발전하는가에 대한 것으로 사고나 기술의 확장이 아닌 우리 경험과 행위 영역인 활동체계가 어떻게 확장하는지를 문제로 다루기 시작한 것이다(Engestrom, 1996). 아는 만큼 보이는 사물은 확대되고 그러한 확대는 일터나 삶터를 확장시킨다. 활동체계는 상대적으로 긴 질적 전환주기를 통해 움직이며, 확장적 전환은 우리가 전통적으로 물려받은 사회문화적 자산에 단지 순응하고 적응하는 것에서 벗어나 이를 새로운 형태로 재생산하는 능동적인 과정에서 이루어진다고 보았다. 이러한 점에서 확장학습은 기존의 지식과 기술을 습득하고 내면화하거나 기존 지식이 새로운 활동에 사용되거나 새로운 지식이 새롭게 구성될 때 일어나는 학습과 구분될 수 있다고 보았다.

활동이론에서 보여주는 이러한 관점들은 일터에서의 경험과 실천을 보다 풍부하게 해명할 수 있게 만들어 줄 수 있다. 더욱이 일터에서의 숙달과 관련한 활동들은 작업장에 놓인 다양한 도구를 매개로 하며, 장인은 에이전트로서 작업장의 환경과 도구를 조율해 나갈 수 있는 존재로 상정할 수 있다. 이를 통해 장인의 기술 발달과 활용을 개인적이고 심리적인 문제에 착안해 보는 관점에서 벗어나 바깥 영역에서 일어나는 다양한 상황과 이를 둘러싼 맥락의 미시적 분석을 통해 객관적으로 기술해 나갈 수 있는 근거를 마련해 줄 수 있을 것이다. 실제로 활동이 어떻게 수행되는지 라이프사이클(life cycle)의 매 단계별 진행 상황과 시간의 축을 중심으로 분석을 시도한 연구들(Bodker, 1996; Hyysalo, 2005)이 이를 뒷받침해 주고 있다.

Ⅱ. 작업장 관찰과 질적 분석

1. 숭의동 목공장인

숙달된 기술자들의 일하는 방식을 살펴보기 위해 손기술을 주로 사용하는 목공 분야의 장인을 만나보기로 했다. 목공장인을 찾기 위해 가장 먼저 살펴본 것은 '생활의 달인'이었다. 2005년부터 방영된 이 프로그램은 수십 년간 한 분야에 종사하며 부단한 열정과 노력으로 달인의 경지에 이르게 된 사람들의 이야기를 담고 있다. 표준국어대사전에 따르면 '달인'이란 '학문이나 기예에 통달하여 남달리 뛰어난 역량을 가진 사람', '널리 사물의 이치에 통달한 사람'이란 의미를 지닌다. '숙달'이 '익숙하게 통달함'을 의미한다고 볼 때, '달인'은 숙달된 전문가로 볼 수 있을 것이다. 그런 의미에서 '생활의 달인'은 숙달의 과정과 특징을 살펴보는데 더할 나위 없이 좋은 수집 자료였다.

2017년 2월부터 9월까지 8개월간 방영된 '생활의 달인' 속 주인공들 중 목공을 소재로 한 장인들을 분류하고 그 중 인천에 소재한 장인을 필터링하는 식으로 대상을 좁혀나갔다. 다행히 2017년 6월에 방영된 자료 중 50년간 목가구를 만들어 온 강인내(가명) 장인이 있었다. 강인내 장인에 대한 정보를 찾아보던 중 숭의동 목공예거리에 대한 기사들을 접할 수 있었다. 그의 작업장이 있는 인천 미추홀구 숭의동 목공예거리는 2012년부터 전통산업 보존을 위한 특화거리로 조성된 곳이었다. 40년 이상의 오랜 목공예점과 목공소 10여 곳이 나란히 줄지어 성업중인 이곳은, 목공의 과거와 현재를 모두 담고 있는 특수성을 보유한 장소였다. 이곳에서 일하는 분들은 대부분 30년 이상의 경력을 보유한 베테랑들이었다. 그래서인지 간단한 인터뷰 기사부터 구술생애사 책 발간까지 그들의 이름과 역량을 알린 분들이 많았다.

그 중 『숭의동 목공장인』 이란 책을 도서관에서 발견하였다. 인천발전연구원에서 발간한 이 책에는 진정성(가명) 장인의 목공 40년, 외길 인생이 고스란히 담겨있었다. 목공에 대한 그만의 고집과 정성을 읽을 수 있었기에 진정성 장인과의 만남도 함께 다루기로 하였다. 이렇게 해서 오랜 세월 한 분야에서 숙달의 최고 경지에 오른 장인의 실기를 엿볼 수 있는 단초를 마련하였다.

2017년 10월, 두 장인을 만나기 위해 인천광역시 미추홀구 숭의동에 소재한 목공예거리를 찾아갔다. 오래된 간판과 가게 문 앞에 즐비한 각종 목공 자재들이 어수선한 느낌을 주었다. 목공에 문외한이었던 연구자에게 낯선 이곳의 공기가 아직까진 차갑게 느껴져서인지도 모르겠다. 그러나 한쪽 벽면에 목공예거리 소개를 위해 그려진 아기자기한 그림들이 눈길을 끌며 가라앉은 마음을 일으켜 세웠다.

먼저 진정성 장인부터 만나보았다. 낯선 방문임에도 불구하고 진정성 장인과 그의 아내가 친절하게 맞이해 주었다. 작업장은 생각보다 작고 좁았다. 한눈에 보기에도 많은 작업을 할 수 있는 상황이 아니었다. 칠순을 바라보고 있는 장인은 과거에 이곳에서 직원 몇 명을 거느리며 목공 사업을 크게 하기도 했지만, 지금은 몸도 불편하고 상황이 여의치 않아 혼자서 간판과 조각 등 소소한 작업만 진행하고 있다고 했다. 2시간가량 인터뷰를 진행하면서 작은 일에도 정성을 쏟는 그의 꼼꼼함을 확인할 수 있었다. 제품에 대한 그만의 고집은 완성도 높은 결과물을 만들어내었고 이것은 그에게 큰 자부심이 되었다.

두 번째로 찾아간 강인내 장인의 작업장은 진정성 장인의 작업장과 달리 분주하고 활기가 넘쳤다. 숭의동 목공예거리에서 가장 크다고 할 만큼 작업장의 규모도 넓었고 주문량 또한 많았다. 톱밥 가루가 날려 앞이 잘 보이지 않는 작업장에서 백발의 장인은 낯선 이가 온 것을 신경 쓸 겨를도 없이 분주했다. 칠순을 바라보는 나이라고 믿기 힘들 만큼 작업 속도가 빨랐고 여기저기 작업 중인 목공 제품들이 즐비하게 놓여있었다. 바쁜 장인에게 방해가 될 것 같아 첫날은 조용히 작업하는 모습만 관찰할 것을 허락받았다. '생활의 달인' 주인공이었던 만큼 강인내 장인은 생활형 장인이었다. 수작업을 주로 하는 일이지만 최신 기계를 많이 활용하여 작업의 수월성 높이고 있었다. 옛 방식만을 고집하는 것이 아니라 편리해진 도구의 힘을 십분 활용하면서 그 속에 자신만의 기술을 녹여내고 있었다.

<표 Ⅲ-1> 숭의동 목공장인의 주요 이력

이름	분야	경력	주요경력
강인내 (68세, 남, 가명)	목간판 · 목공예	50년	• 17살 때부터 목공 일을 시작 • OOO가구의 문양 작업을 전문적으로 담당 • SBS 생활의 달인 프로그램 중 '나무간판의 달인'으로 출연 • 공예 아카데미 운영을 통한 후배 양성
진정성 (70세, 남, 가명)	목간판	40년	• 집안 사정상 대학진학을 포기하고 서울에서 목공예 대가를 만나 기술을 배우기 시작 • 가구회사에서 3년간 디자인과 외장조각을 하다 목공 사업을 시작 • 강화 충렬사 1,000자 현판 제작 • '숭의동 목공장인' 인천구술사편에 소개

같은 분야에서 40년 넘는 세월 동안 작업해 온 두 장인이었지만, 작업장의 모습도 작업 스타일도 사뭇 달랐다. 그러나 각각의 다른 모습들이 한쪽으로 치우칠 수 있는 이야기의 균형을 잡아줄 수 있을 것이라 판단하였다. 그래서 일이 적고 작업이 다소 불편한 진정성 장인에게서는 작업의 원리라든지 자신만의 노하우를 전해 듣기로 하고, 작업량이 많고 작업 범위가 넓은 강인내 장인에게서 실제 작업 현장을 관찰해보기로 했다. 이렇게 해서 오랜 세월 목공에서 숙달의 최고 경지에 오른 '생활의 달인' 강인내 장인과 『숭의동 목공장인』 진정성 장인의 실기를 엿볼 수 있게 되었다.

2. 비디오 자료 분석

참여관찰로서의 연구 진행 가능성을 탐색해 보기 위해 지난 2017년 10월부터 12월까지 총 5차례 연구참여자의 작업장을 방문하여 관찰하였다. 작업장은 인천광역시 미추홀구 참외전로 숭의동 목공예거리에 위치한 ○○공예사와 ○○조각 두 곳이다.

현장에서의 시간은 연구자의 이해와 무관하게 흘렀다. 이에 따라 목공에 문외한인 연구자가 놓칠 수 있는 장면과 상황들이 많이 연출되었다. 이를 보완하기 위해 목공 일과 관련된 다양한 상황과 작업현장을 녹화하고 녹취하여 자료를 수집하였다. 비디오 촬영을 통한 녹화자료는 행위 분석을 위한 기초자료로 활용되었으며, 녹취 자료는 전사하여 연구 문제와 관련하여 그 내용을 자세히 들여다볼 수 있는 사례를 선정하여 활용하였다.

숭의동 목공장인의 작업장은 모두 혼자 운영하는 곳이었다. 혼자만의 작업방식에서는 대화가 오가거나 상황을 설명해 주는 표현이 현저히 부족하였고, 연구자의 관찰만으로 행위를 분석하는 데는 한계가 있었다. 따라서 현장에 참여하면서 궁금한 점들이나 좀 더 깊이 알고 싶은 부분들은 중간중간 질문이나 면담 등을 통해 그 해답들을 채워나갔다.

연구 내용과 관련하여 깊이 다뤄야 할 질문들은 따로 정리하여 인터뷰를 진행하였다. 인터뷰는 1회 2시간 정도 소요되었으며, 횟수에 제한을 두지 않고 연구참여자의 휴식시간을 빌려 일상적 삶에 방해되지 않도록 자연스럽게 진행하였다. 인터뷰 내용은 작업과 관련한 이야기에서부터 장인의 생애사적 기록에 이르기까지 목공과 관련한 다양한 이야기들을 담을 수 있도록 하였다. 질문, 면담, 인터뷰는 녹취하여 전사하였고, 전사한 내용 중 본 연구에 의미 있는 내용을 선별하고 구조화하여 담았다.

이를 바탕으로 2018년 3부터 8월까지 본격적인 참여관찰을 시작하였다. 참여관찰은 앞서 수집한 자료를 조금 더 명확히 하고 그 내용의 의미를 심층적으로 분석할 수 있는 범위 안에서 추가적으로 실시하였다. 특히 단편적인 작업 과정에 치우치기보다는 작업과 관련한 다양한 상황과 작업의 전체 과정을 관찰해봄으로써 작은 단위의 작업 안에서 보이는 행위의 의미와 특징을 좀 더 명료화하려고 하였다. 이를 위해 목재 주문에서부터 제작, 판매, 수리까지 작업장 안에서 일어나는 다양한 상황을 최대한 많이 관찰하려고 하였다. 관찰한 내용의 대부분은 비디오 촬영 및 녹취 자료로 수집하였다. 특히 방문하는 고객 및 목재 배달원, 거래처 사장 등 장인이 관계하는 사람들과의 대화 장면도 함께 수집하였다. 그날 수집한 녹취 자료는 당일 전사하여 정리하였으며, 비디오 자료는 중요한 행위를 중심으로 간략한 메모를 남겨두는 방식으로 그날의 상황을 최대한 반영하려고 하였다. 수집된 자료를 정리하여 재구조화하면서 모호한 부분이나 잘 읽혀지지 않는 부분들을 중심으로 '반구조화된 면담'을 실시하였다. 이를 통해 연구 목적에 적합한 자료를 축적해 나갈 수 있었다. 작업장의 정서와 장인의 작업에 익숙해질수록 목공과 관련하여 장인이 걸어온 길, 그리고 걸어가고 있는 길을 최대한 자세하고 객관적으로 분석해 낼 수 있는 연구자의 관점을 형성할 수 있었다.

이 저서는 일터 현장에서 나타나는 장인들의 작업과 숙달의 정체성에 관해 살펴보기 위해 질적연구방법 중 참여관찰(participant observation)에 의존하였다. 참여관찰은 연구자 자신이 연구의 도구가 되어서 연구 대상의 일상생활 장면 속에 들어가 그들의 활동에 참여하고 그 속에서 주요 사건, 행동을 관찰하는 것을 말한다. 필자는 목공이란 낯선 세계에 들어가 목공장인의 작업을 관찰하고 그들의 행동과 언어가 익숙해질 수 있도록 방문의 횟수를 늘려 갔다.

2017년 10월부터 12월간 총 5차례 두 장인의 작업장을 방문하였다. 참여관찰, 인터뷰 및 면담, 비디오 촬영 등의 방법을 통해 파일럿 연구를 진행하였으며, 참여관찰로서의 연구 진행 가능성을 탐색해 보았다. 이를 바탕으로 2018년 3월부터 8월까지 총 6개월간 수차례 작업장을 방문하며 목공과 두 장인에 대한 심리적 거리를 좁히고 작업장의 전체적인 맥락을 이해할 수 있는 안목을 형성하였다. 참여관찰로서의 기간을 더 길게 두지 않은 것은 내부인과 외부인으로서의 적절한 거리를 유지하기 위함이었다. 참여관찰의 기간이 길어질수록 내부인의 관점에 치우쳐 연구의 객관성을 유지하기 힘들 것이라 판단하였다.

이 연구는 장인 작업을 통해 숙달의 특징을 살펴보는 데 있다. 숙달이 짧은 시간 안에 획득될 수 있는 경험적 상태가 아니며, 숙달된 상태가 되기까지의 과정 또한 간과할 수 없었다. 또한 장인을 둘러싼 생활세계에 대한 이해와 특정 행위에 내포되어 있는 맥락적 의미까지 살펴보기 위해서는 연구자가 장인의 작업장 안에서 함께 경험하는 시간이 필요했다. 즉 경험 연구를 위한 방법으로써 참여관찰은 수십 년간의 경험을 통해 축적된 장인의 숙달된 행위의 특징을 가장 구체적이고 세밀하게 분석해 낼 수 있는 방법이라 판단하였다. 다만 이 연구에서는 장인의 생활세계를 경험하는 연구자의 주관적 생각과 감정에 치우쳐 분석하는 것을 최대한 배제하려고 노력하였다.

이에 따라 비디오 분석(video-based analysis)을 활용하여 작업장에서 일어나는 다양한 상황을 객관화하고 장인의 정교한 작업 행위와 도구 및 인간과의 상호작용 양상을 최대한 있는 그대로 상세히 기술해 내려고 하였다. 비디오 분석은 과학기술을 행하는 과정 중 구체적인 상호작용 및 가시적인 세부사항을 더 많이 회복하기 위한 실증적 실연을 가능하게 하는 연구방법(Streeck, Goodwin, LeBaron, 2011)으로 활용된다. 이 연구에서도 실제 행위가 벌어지는 상황의 구체성과 맥락성을 중심으로 상호작용 양상을 자세하게 기술하고 분석하기 위해 비디오 녹화에 의존하여 자료를 활용하였다. 즉, 참여 상황 안에서는 관찰하기 힘든 앞선 행위와 다음 행위 사이의 맥락성과 주변 상황과의 연계성을 찾기 위해 비디오의 재생 속도를 느리게 조절하거나 관찰의 초점이 될 수 있는 부분의 화면을 확대해서 살펴봄으로써 행간의 의미를 발견할 수 있었다.

3. 암묵지는 관찰 가능한가?

가. 민속방법론(ethnomethodology)의 해법

이 저서에서는 장인의 작업과 숙달의 조건을 총체적 관점에서 맥락화하여 분석하기 위해 민속방법론(Garfinkel, 1967)에 의존하였다. 민속방법론에 따르면 세상의 모든 경험이나 지식 등 질서는 현장에서의 상호작용 가능성과 사람들의 실제적인 실천에서 비롯되고 성립한다. 그리고 그것들 이외에 어떠한 질서나 경험에도 정해진 바가 따로 존재하지 않는다. 일 자체의 이러한 내생적인 조건에 관한 엄밀하고 풍부한 해석은 최근 들어 민속방법론의 일터 연구(workplace studies)에서 발전해 왔다(Luff, Hindmarsh & Health, 2000; Gherardi, 2012). 일터 연구는 사람들의 암묵지가 생활세계 안에서 구체화된 실천으로 현장화, 사물화되며, 따라서 관찰과 서술의 대상이 될 수 있다는 점에서 착안된 것이다. 아니 민속방법론에서는 경험이나 암묵지가 애초부터 타자와의 관계, 즉 타자에 의해 합당하게 인정될 것인가에 따라서 성립한 것으로 보았다. '타자와의 공유가능성'은 암묵지가 성립할 수 있게 하는 가장 근본적인 준거다. 암묵지는 사적인 지식이 아닌 공적인 지식의 속성이 크다는 말이다(손민호, 조현영, 2014; 조현영, 2019).

민속방법론적 관점에서는 도구와 사물 또한 타자의 연장선으로 본다. 그리고 사물이나 도구, 심지어 상황까지도 상호작용 가능한 타자의 연장선에서 관찰의 대상이 될 수 있다. 이는 본 연구에서 다루고자 하는 목공장인의 일과 그 일이 벌어지게 되는 작업장 상황 간의 내적인 연관성에 대한 분석과 맞닿아 있다. 더불어 민속방법론은 사람들이 어떻게 질서 있는 사회적 행위를 해나가는지 자세히 기술함으로써 사회적 질서의 일상적인 토대에 관해 밝히고자 한다. 여기에서의 질서는 사람들이 처한 상황에서의 자원들을 동원하여 자신들의 행위를 의미 있게 변용시킬 때 비로소 성취되는 것이다. 그리고 이러한 성취는 행위자의 맥락적 행위로 하나씩 하나씩 이루어진다. 이는 마치 화자가 상대방과 말을 주고 받는 과정의 연속에 따라 대화가 성립하는 것과 같은 이치다. 앞서 언급한 바와 같이 현재의 행위는 다음 행위에 대한 맥락을 조장한다. 행위자와 사물 또는 화자와 상대방간의 상호작용이 맥락을 구성하기도 하고 변환 또는 전환하기도 하며 종료시키기도 한다.

민속방법론은 컨텍스트 분석 연구이기도 하다. 컨텍스트란 현재를 둘러싼 바로 이전과 바로 이후간의 상호 조율을 통한 연관성의 이음새를 말한다. 우리의 경험은 상황간 이음새 사이에 이루어지는 성취물이다. 따라서 비디오 자료 또한 매 상황의 단위에 따라 분절화하고 배열화함으로써 매 상황에서 이루어지는 행위자의 행위 진로가 어떻게 구성되는지 분석할 수 있다고 보았다.

목공장인의 작업장에서 이루어지는 행위 역시 자신을 둘러싼 도구와 상황들을 어떻게 동원하여 유의미하게 활용해 나가는지에 초점이 맞춰져 있다. 따라서 민속방법론의 이러한 관점을 바탕으로 목공장인의 일과 삶을 이해할 수 있는 단초를 마련해 나갈 수 있을 것이다.

나. 민속방법론과 러닝 사이언스

인지과학은 뇌과학의 발전에 따라 사물/테크놀로지 연구에 응용될 것으로 기대해왔다. 그러나 연구성과가 '실제 경험 및 행위 그리고 이들의 변화' 수준으로까지는 확장하지 못함으로써 기초학문 수준에서 벗어나지 못하고 있다. 인터랙션 사이언스는 사용자 경험이나 사물/테크놀로지에 대한 디자인에 대한 인문기술융합에 크게 기여하고 있다. 그러나 기초학문성과에 충분히 연계하지 못함으로써 체계적인 이론적 기반이 약한 디자인 영역에 머물고 있다.

두 융합영역은 국내에서 지난 10여 년간 발전해왔음에도 불구하고 이론과 실제 디자인으로 이원화되어 왔다. 이는 '실제 경험 및 행위 그리고 이들의 변화'에 대한 체계적인 이론 및 분석방법론의 부재로 인하여 비롯된 결과이다. 해외의 경우 이 두 영역 간의 격차를 해소하기 위한 연계로서 인간 행위와 발달적 변화에 대한 연구영역이 크게 발전해왔다. 특히 UX에서 널리 활용되고 있는 '활동이론'이나 '에이전트 행위/경험에 대한 미시적 질적연구'는 학습에 대한 연구공동체가 정립해온 오랜 성과였다.

인터랙티브 러닝 사이언스는 현장 분석 연구를 기반으로 사용자 경험/행위 및 변화에 대한 체계적인 이론 및 연구 그리고 교육학에서 축적된 디자인의 노하우를 기반으로 한 경험 디자인 연구를 제공할 수 있다. 국내 양대 융합학문인 인지과학과 인터랙티브 사이언스를 연계할 수 있는 핵심 허브 기반을 제공할 수 있다.

러닝 사이언스에서는 실제 상황에서 학습 또는 문제해결이 어떻게 일어나는지를 체계적으로 분석하고 이해함으로써 학습자 중심의 학습환경을 디자인하는 데 관심을 두는 융합연구 분야다. 러닝 사이언스에서는 학습을 학습자 사고 또는 몸 내부에서 벌어지는 경험으로서가 아닌, 주제–객체간 상호작용을 통한 맥락의 생성, 변용, 전환 등에서 파생되는 경험이라는 점에 주목하였다. 이러한 주체–객체간 상호작용은 간

주관적 세계에 대한 그리고 그 세계 안에서의 우리의 태도와 행위의 일상성으로 인해 타자로서의 연구자에 의해 관찰 가능하다.

민속방법론(Ethnomethodology)에서는 디지털 비디오를 활용하여 의미의 생성과 변용이 이루어지는 상호작용의 디테일한 측면을 탐구할 수 있는 길을 개척해왔다. 이러한 성장 과정은 형식학습 및 무형식학습 장면뿐만 아니라 테크놀로지 및 온라인기반학습, 고등교육 및 전문교육에서의 시뮬레이션 활용 등 학습자 경험 분석과 더불어 학습환경 또는 컨텍스트 디자인에의 응용 가능성을 제공할 것이다.

Ⅲ. 작업장의 생태학

목공장인의 작업장(workshop)은 다른 사람의 개입 없이 자율적으로 일하는 혼자만의 공간이었다. 작업장의 규모도 열 평 남짓한 작은 공간으로 이루어져 있으며, 손님을 비롯한 인테리어 관련업자, 목재배달원, 동료들이 드나들며 작업장 속 생활세계를 만들어나가고 있었다. 중세 장인의 작업장이 작은 규모의 공간에서 일과 생활을 함께 영위하는 곳이었으며, 도제(apprentice), 저니맨(journeyman)과 같은 몇몇 제자를 거느리고 있었지만 장인의 작업에 있어서는 자율적 권위 아래 독자적으로 일하는 상태였다는(Sennett, 2008) 점에서 목공장인의 작업장은 19세기 중세 장인의 작업장과 매우 닮아있는 듯 했다. 또한 장인의 작업장은 도로를 중심으로 양옆으로 나란히 줄지어 있는 목공소 중 하나였고, 10여 개의 목공소 및 목공예점이 한 곳에 밀집되어 '숭의동 목공예거리'를 조성하고 있는 것도 중세 시대의 길드(동업조합)와 매우 유사한 형태였다.

그러나 중세와 현대라는 엄청난 시간의 간극은 장인의 전형마저 바꿔놓았다. 중세의 장인은 '장인정신'에 기초하여 철저한 직업 정신과 직업윤리를 가지고 최고의 결과물을 만들어냄으로써 예술적 가치를 실현하는 사람이었다. 반면 현대의 장인은 오랜 경험을 통해 몸에 밴 그들의 고유한 행위 특성인 '장인성'에 기초하여 정신과 마음보다는 실제 행위를 통해 최고의 결과물을 만들어내는 사람으로 변모하였다. 즉, 현대의 장인은 타고난 재능보다는 성장 과정 안에서 누구나 만들어나갈 수 있는 가능성에 주목하며, 일을 사회적 가치로 환원하기보다는 개인의 삶에 대한 만족감과 이를 통해 자기존재를 실현시켜 나가는 것에 더 큰 의미를 둔다고 볼 수 있다.

숭의동 목공장인은 현대의 장인으로서 그의 작업장은 현대를 살아가는 우리의 일상을 고스란히 담고 있는 곳이었다. 목공장인의 작업장 안에서 벌어지는 장인의 일상적 일들을 시간과 공간을 중심으로 세밀하게 관찰하여 분석해 봄으로써 현대 장인의 모습을 좀 더 구체적으로 들여다볼 수 있을 것이다. 더불어 구조화된 시간과 제도 속에서 우리가 잃어버린 것은 무엇인지 장인의 모습을 통해 찾아볼 수 있을 것이라 기대한다.

1. 시간 감각

오전 9시, 강인내 장인의 작업장 문이 열리는 시간이다. 강인내 장인은 십수 년간 이 시간이 되면 밤새 굳게 닫혀 있던 작업장의 미닫이문을 활짝 연다. 그날그날의 상황에 따라 문이 열리는 시간이 정확하진 않지만 9시에서 9시 반이면 가게는 늘 열려 있다. 그리고 저녁 6시가 되면 작업장에 불이 꺼지고 미닫이문이 굳게 닫히게 된다.

조직사회에서 대부분의 업무 시작 시간은 오전 9시이다. 회사마다 앞뒤로 약간의 차이가 있지만, 보통 9시에 업무를 시작해서 12시에 점심식사를 하고 1시부터 오후 업무가 진행된다. 그리고 오후 6시에서 7시 사이에 퇴근을 한다. 세계표준시의 확립과 시계의 대중화가 만들어 놓은 우리의 일상이다.

이러한 근대적 시간 개념은 우리의 생활을 그 시간 안에 가두기 시작하였다. 공장의 기계가 시계에 맞춰 돌아가고 인간의 노동이 기계의 시간에 맞춰지면서 노동은 시간 단위로 쪼개졌다. 세계표준시간의 도입은 노동의 생산성을 증대시켰고, 시간 단위의 노동은 관리자의 입장에서 효율적이고 경제적인 규범 틀을 만들어내었다. 그러나 시간의 틀 안에 갇힌 우리는 더 이상 자신의 노동을 자율적으로 조절할 수 없게 되었으며, 이러한 표준시간의 틀에서 벗어날 경우 닥쳐오는 불안감은 강박증과 신경증과 같은 많은 문제를 잉태시켰다.

강인내 장인의 하루 일과도 이와 같은 시간의 틀에서 완전히 벗어날 순 없었다. 그러나 조직이 아닌 혼자 일하는 작업장에서 장인의 일과는 자신이 충분히 조절 가능한 상황 안에 있었다. 예를 들어 목간판을 파다 팔이 아프면 잠시 쉬었다 다음 작업을 진행하였다. 즉 육체적으로 힘듦을 느낄 때 시간에 쫓겨 무리하게 작업을 진행해 나가는 것이 아니라, 일을 잠시 중단하여 몸의 리듬을 회복시킨 후 다음 작업으로 이어나가고 있었다. 장인에게 일은 하루 이틀 하고 그만 둘 단기적 속성의 것이 아니었다. 때문에 자신의 신체 리듬을 알고 이를 조절해 나가는 일은 매일매일 지속되는 업무를 무리없이 진행해 나가기 위한 중요한 요건 중의 하나였다.

또한 주문 일정이 비슷한 작업이 여러 개 있을 경우 하던 작업이 잘 풀리지 않거나 몰입이 되지 않을 때는 다른 작업을 먼저 시작하였다. 주문량이 적을 때는 하나의 작업을 처음부터 끝까지 이어 진행하나, 작업량이 많을 때에는 같은 작업끼리 묶어 동시에 일을 진행하여 시간을 단축시켜 나갔다. 즉, 그때그때의 작업 상황에 따라 일을 유동적으로 조율해 나가는 모습을 발견할 수 있었다. 작업장에서의 시간을 자신의 신체적 감각과 생활 리듬을 고려하여 자율적으로 운영할 수 있다는 것이 무엇을 말해주는 것인지 강인내 장인의 일과표를 통해 자세히 살펴보고자 한다.

먼저 강인내 장인이 대략적으로 머릿속에 넣고 있는 업무 시간표를 알고 싶어 일과표를 작성해 달라고 부탁하였다. 그날그날 주문받는 상황에 따라 작업이 이뤄지는 작업장에서 일과표를 작성하기란 힘든 일이었다. 계획되어 이뤄지는 작업이 아닌 중간중간 새로운 주문을 받게 되면서, 이미 받았던 주문 일정을 변경하여 일의 순서를 바꿔야 하는 경우도 많았다. 이에 따라 <표 Ⅲ-1>의 일과표는 하루 일과가 모두 끝난 다음에 장인이 작성한 것이다.

<표 Ⅲ-1> 강인내 장인이 작성한 업무 일과표(2018. 6. 7.)

시간	작업 내용	
9시 ~ 9시 30분	출근	출근
9시 30분 ~ 12시	테이블 작업	작업
1시~ 2시	테이블 작업 마감	
2시~ 4시	수납장 시작	
4시 ~ 5시	건축물 모형 제작	
5시 ~ 6시	수납장 서랍 재단	
6시 ~ 6시 30분	퇴근	퇴근

<표 Ⅲ-1>을 통해 드러나듯이 강인내 장인의 일과표는 '출근-작업-퇴근'의 연속적 시간 개념 안에 있었다. 장인에게도 시작과 끝이라는 시간 범위 안에서 작업 단위로 기술하는 것이 익숙한 상태임을 확인할 수 있었다. 출근 시간을 9시에서 9시 30분으로, 퇴근 시간을 6시에서 6시

30분으로 표기한 것은 장인 역시도 정확한 출퇴근 시간을 알지 못할뿐더러 그날그날 상황에 따라 출퇴근 시간이 약간 유동적이었기 때문이었다. 더불어 그에게 9시이든 9시 반이든 출근 시간에서 몇 분, 몇 초의 차이는 큰 의미가 없는 것이었다.

작업 내용에 있어서는 작업의 성과 단위로 기술한 것을 확인할 수 있었다. 오전에 진행된 테이블 작업은 전날 하던 일을 이어서 한 것인지, 어떠한 작업을 어떠한 순서로 진행한 것이었는지 전혀 알 수 없었다. 오전 작업과 오후 작업 사이에 점심시간 또한 생략되어 있었는데 실제로 장인은 점심식사를 단골식당에서 배달시켜 먹었다. 그러나 특별한 약속이 없는 한 작업장에서 늘 시켜먹는 점심식사였기에 그의 일과표에 점심시간은 그리 중요한 항목으로 포함되어 있지 않았던 것이다. 단지 그에게는 어떤 작업을 몇 시에 시작에서 몇 시에 끝냈는지가 중요한 요소였다.

일과표에 적힌 시간마저도 정확하지 않은 대략적인 시간이었다. 장인 역시도 정확한 시간을 알기 힘들다고 하였다. 작업 도중 시간을 확인하며 진행하는 것이 아니라 작업의 흐름에 맞춰 시간을 보내는 게 익숙했기 때문이었다. 이 때문에 일과표를 작성해 달라고 했지만, 이것이 정확한 기록이 될 수는 없었다. 그저 장인의 머릿속에 그려진 시간 개념과 대략적인 일과표를 확인해 보기 위한 참고자료에 불과하였다. 그렇다면 이날 실제 업무 일과표는 어떠한 모습이었을까? 연구자가 이날 작업장에 함께 있으면서 관찰한 내용을 바탕으로 새롭게 일과표를 작성해 보았다. 그 내용은 <표 Ⅲ-2>와 같다.

<표 Ⅲ-2> 실제 작업의 흐름에 따라 작성한 업무 일과표

시간	작업내용	생략된 내용
9시 30분	작업장 오픈	
9시 30분~9시 45분	휴식	<멈춤 1> 커피 한잔을 하며 오늘 할 작업을 살펴봄
9시 45분~11시 40분	어제 작업하던 테이블 만들기	
11시 40분~11시 50분	주문 전화 응대	
11시 50분~12시 20분	점심식사	<멈춤 2> 작업 흐름의 끊김으로 점심식사를 조금 앞당겨 함
12시 20분~1시 56분	오전에 하던 테이블 작업 마무리	
1시 56분~2시 10분	휴식	<멈춤 3> 하나의 작업을 마감하고 다음 작업을 살펴봄
2시 10분~2시 20분	어제 만들던 수납장 서랍 제작	
2시 20분~3시	휴식	<멈춤 4> 주문자의 요구대로 작업을 진행하기 어려움 → 주문자에게 전화를 걸어 작업장으로 와달라고 부탁함 → 주문자를 기다리는 동안 문제를 해결하기 위해 고민해 봄
3시	수납장 주문자 도착. 30여 분간 서랍 제작 방법 조율	
3시 30분~4시	수납장 서랍 제작. 4단 서랍 제작을 위한 재단 작업	
4시~4시 30분	건축물 모형 주문자 방문. 제작 설계 및 샘플 만들기	<멈춤 5> 새로운 주문자 방문

시간	작업내용	생략된 내용
4시 30분~4시 37분	휴식	<멈춤 6> 이어서 진행할 일을 다시 한 번 훑어봄
4시 38분~6시 12분	앞서 작업하던 4단 서랍 제작	<멈춤 7> 작업이 매끄럽게 진행되지 않을 때마다 작업 진행이 중단됨
6시 13분~6시 24분	작업장을 정리하고 퇴근	

위 표를 통해 가장 먼저 확인할 수 있는 것은 강인내 장인의 일과표에는 업무를 멈춘 시간은 생략되어 있다는 점이었다. 분 단위까지 기록해서 작성해 보았는데, 그 결과 장인이 대략적으로 작성한 시간 구분과 맞지 않았다. 작업 내용 역시 장인이 기록하지 않았던 내용들이 중간중간 들어가 있음을 확인해 볼 수 있었다. 그 내용은 주로 작업이 멈춰져 있는 시간들이었다. 식사를 한다든지 휴식을 취하거나 주문을 받기 위해 작업을 멈춰야 하는 시간들을 생략한 것이었다.

여기서 살펴보고자 한 시간의 의미는 단지 몇 시에 어떤 작업을 하고 언제 끝났는가를 보려고 한 것이 아니었다. 작업장 안에서의 시간을 그가 어떻게 운용하지를 보고자 한 것이었다. 따라서 장인이 생략한 작업이 멈춰있는 시간 동안 실제로 어떠한 일들이 일어나고 있는지 자세히 살펴볼 필요가 있다고 판단하였다. 즉, 장인의 하루 일과를 작업 내용을 중심으로 살펴보는 것이 아닌, 멈춰 있는 시간을 중심으로 다시 한 번 자세히 들여다보고자 하였다.

강인내 장인이 가게 문을 연 시간은 오전 9시 30분이었다. 작업장 문을 열자마자 가게 안쪽 방으로 들어가 작업복으로 갈아입고 나온 뒤

커피 한 잔을 타서 의자에 앉았다. 의자에 앉은 장인은 전날 하던 테이블 작업을 무심히 쳐다보고 있었는데, 커피를 다 마신 뒤에는 바로 테이블의 다리 만들기 작업을 이어 진행하였다.

이후 1시간 정도 작업에 몰두하고 있을 때 전화가 걸려왔다. 귀에 꽂힌 블루투스 이어폰으로 전화를 받으며 작업을 계속 이어나가고 있었다. 장인은 손을 써서 무언가를 만드는 사람이었기에 그의 두 손은 늘 지저분하였다. 블루투스 이어폰을 끼고 전화를 받는 것은 두 손을 좀 더 자유롭게 만들기 위한 것이기도 하지만, 작업의 흐름을 끊지 않고 일을 진행할 수 있는 방법이기도 하였다. 주문 전화인 듯 들렸는데, 인근 대학 건축학과 교수가 건축물 모형 제작을 위해 4시에 방문하겠다는 내용이었다.

통화를 마친 장인은 작업 흐름이 끊겼는지 시계를 한 번 쳐다보았고, 점심시간이 다 되었음을 확인하였다. 20~30분 안에 작업이 마무리되기 힘들 다며 점심을 먼저 먹겠다고 하였다. 식사를 하는 동안만은 작업하던 물건을 쳐다보지 않았다.

식사는 생각보다 빨리 끝났다. 점심식사 시간으로 표기한 55분은 장인이 작업과 떨어져 온전히 자신만을 위한 휴식의 시간이었다. 식사를 마친 장인은 주변 상인들 가게에 들러 담소도 나누고 가게 밖에 나가 바람도 쐬는 등 약간의 여유를 즐기는 모습이었다.

이후 가게에 돌아와서는 오전에 하던 테이블 작업을 바로 이어서 진행하였다. 점심시간이라는 시간적 공백을 뒤로 하고 테이블의 다리 제작은 빠른 속도로 순조롭게 진행되었다. 1시간가량 지나자, 테이블의 4개 다리가 모두 완성되었다. 하나의 작업이 마무리되자 장인은 잠시 앉아 휴식을 취하였다. 장인 앞 작업대 위에는 만들다만 수납장 하나가 놓여있었고, 장인의 시선은 이 수납장을 향해 있었다.

15분 정도 지났을까? 수납장의 서랍을 만들기 위해 목재를 이리 대어 보고 저리 대어 보기를 몇 번 하더니 작업이 생각처럼 잘 풀리지 않는지 금세 자리에 다시 앉는 장인이었다. 장인은 주문자에게 전화를 걸었다. 통화 내용을 들어보니 주문자의 요구대로 작업을 진행하기 어려운 상황이었다. 장인은 주문자에게 직접 와주길 부탁했다.

이번 주문자의 경우 직접 목공 제품을 디자인하고 제작까지 할 줄 아는 사람으로, 자신이 원하는 수납장 스타일이 있었기에 이를 장인에게 제작해 달라고 요청한 경우였다. 그러나 주문자가 요구한 사항대로 작업을 진행할 경우 여러 가지 문제점들이 발생할 수 있어 몇 번 설득을 해왔다. 그럼에도 불구하고 끝까지 자신이 요구한 사항대로 만들어 달라고 하자, 좀처럼 작업이 순조롭게 진행되지 않는 상황이었다. 주문자를 기다리는 40여 분 동안 장인은 수납장을 이러저리 들여다보며 한참을 고민했다. 그러다 주문자가 도착했을 때 자신의 제작과정에서 드러나는 문제점들을 주문자에게 알리며 상황을 조율해 나가기 시작했다.

주문자가 돌아간 후 다시 수납장 서랍을 만들려는 순간, 오전에 전화로 건축물 모형 제작을 주문했던 인근 대학교수가 방문하였다. 부득이하게 수납장 작업은 중단할 수밖에 없는 상황이 되었다. 건축모형 설계도를 보며 30여 분가량 건축물 모형 제작에 관한 설명이 이어졌고, 장인이 제작 의도를 파악한 후, 주문자에게 제작 가능성을 확인시켜 준 다음에서야 돌아갔다.

이후 장인은 앞에 놓인 수납장을 한동안 응시했다. 중간에 끼어든 새로운 일 때문에 이전에 작업해 온 수납장의 서랍 만들기 흐름이 끊긴 탓이었다. 수납장을 바라보던 장인은 이내 일어나 4단 서랍을 만들기 시작했다. 서랍을 만들기 위해 목재를 재단하고 길이를 재고 홈을 내는 등의 작업을 이어가면서도 문제가 생길 때마다 중간중간 멈춰 서서 다시 수납장을 바라보는 장인의 모습을 볼 수 있었다.

여기서 업무를 멈추고 잠깐의 시간적 여유를 갖는다는 것이 무엇을 의미하는 것인지 살펴볼 필요가 있다. 장인이 멈춘 시간은 작업과 무관한 시간들이었을까? 장인이 생략했던 이 시간들은 과연 생략 가능한 내용들로 채워져 있는 것인가? 이 물음에 대한 해답을 하나씩 찾아보고자 한다.

연구자가 대략적으로 구조화하여 기재한 멈춘 시간의 단위는 일곱 개였다. 이 일곱 개의 시간 단위는 각각의 다른 상황을 내포하고 있었다. 그리고 그 상황에 따라 멈춰 있는 시간이 지니는 의미 또한 다름을 확인할 수 있었다. 다음은 그 시간의 의미를 기준으로 일곱 개의 멈춘 시간 단위를 분석한 것이다.

가. 몸의 조율로서의 시간

<표 Ⅲ-3> 몸의 조율로서의 시간

구분	내용
<멈춤 2>	작업 흐름의 끊김으로 점심식사를 조금 앞당겨 함
<범춤 3>	하나의 작업을 마감하고 다음 작업을 살펴봄

<멈춤 2>는 테이블 다리를 제작하던 중 걸려온 주문 전화 응대로 작업 흐름이 끊긴 데다 허기진 배가 점심시간이 다 되었음을 알려주자 하던 일을 중단하고 식사를 조금 앞당겨하게 된 상황이었다. 이는 진행하

던 작업이 짧은 시간 안에 끝날 것 같지 않음에 따라 내린 결정이기도 했다. 표면상으로는 걸려온 주문 전화로 일의 흐름이 끊긴 것이 주된 이유가 되어 하던 작업을 중단한 것처럼 보였다. 그러나 장인의 의도를 직접 들어본 결과, 실제는 배고픔이 더 큰 이유였다.

앞서도 이야기했듯이 장인은 작업의 흐름을 끊지 않고 일을 진행해 나가기 위해 블루투스 이어폰을 끼고 전화를 받았다. 그리고 몇 개월간 장인의 작업을 관찰한 결과, 주문 전화로 일의 흐름을 방해받는 경우는 거의 없었다. 이것은 매일 수시로 일어나는 일상적인 일들이었기 때문이다. 그럼에도 불구하고 이날 작업을 잠시 내려놓은 것은 배고픔으로 집중력이 떨어진 탓이었고, 점심시간이 거의 다 되어 감을 확인함으로써 자신의 행위에 어느 정도 정당성이 부여된 결과였다. 점심식사 이후 작업을 빠르게 진행시켜 나가는 모습을 통해 식사 전보다 더 몰입하여 일을 진행시켜 나가는 것을 확인할 수 있었다.

<멈춤 3>은 앞서 진행하던 테이블 제작 작업이 마무리됨에 따라 잠시 휴식을 갖는 상황이었다. 4개의 테이블 다리를 만들고 테이블 전체를 사포질하느라 손과 팔의 근육에 무리가 간 상태였다. 장인은 약 15분가량 의자에 가만히 앉은 채 긴장된 근육을 이완시키고 있었지만, 그의 눈은 다음에 진행할 작업을 응시했고 머리로는 무엇을 어떻게 진행해 나갈 것인지를 생각하고 있었다. 이는 휴식 뒤 바로 망설임 없이 수납장 제작에 들어간 장인의 행위를 통해 짐작할 수 있는 부분이었다.

이를 통해 장인은 자신의 신체적 리듬을 알고 이를 조절해 나갈 수 있음을 다시 한번 확인할 수 있었다. 목공은 매일매일 몸을 쓰는 일이며, 더욱이 칠순을 바라보는 장인에게 신체적 컨디션은 매우 중요한 요인이었다. 장인에게 시간은 자신의 몸 상태를 알고 이를 조율해 나갈 수

있는 상황 안에 존재하는 것이었다.

나. 상황의 전개 과정으로서의 시간

<표 Ⅲ-4> 상황의 전개 과정으로서의 시간

구분	내용
<멈춤 4>	주문자의 요구대로 작업을 진행하기 어려움에 따라 주문자의 방문을 요청하고 기다림
<멈춤 5>	작업 시작과 동시에 새로운 주문자 방문

<멈춤 4>는 하나의 작업이 마무리된 후, 이어서 새로운 작업인 수납장을 제작하려고 하나 주문자의 요구대로 작업을 진행하기 어려움에 따라 멈춘 상황이었다. 장인은 전화를 걸어 주문자에게 작업장으로 와달라고 부탁했다. 일반적인 경우에는 주문자에게 직접 방문을 요구하진 않는다. 그러나 이번 주문자의 경우에는 목공 인테리어에 종사하는 사람으로 작업장이 근처에 있었고, 자신이 원하는 스타일대로 제작이 되지 않을 경우 다시 만들어야 하는 상황이었기에 부득이하게 직접 방문해 줄 것을 요청했다.

수납장 만들기는 40년 넘는 세월 동안 수도 없이 만들었던 품목이었기에 사실, 장인의 경험치로 충분히 만들 수 있는 일이었다. 그러나 주문자가 요구했던 서랍장의 위치나 여는 방식이 불편함을 초래할 게 분명했고, 시각적으로도 예쁘지 않을 것 같아 이를 다시 한번 확인하고 짚고 넘어가야 할 상황이었다.

주문자를 기다렸던 시간은 40분이나 되었다. 이 시간 동안 장인은 주문자의 요구대로 작업할 수 있는 방법을 찾기 위해 한참을 고민했다. 중간중간 장인이 내뱉은 말을 통해 작업이 어렵고 까다롭다는 것을 확인할 수 있었다. 그리고 장인은 이 시간 동안 수납장 근처를 맴돌며 줄자로 이리저리 재어보기도 하고 나무판자를 대보기도 하는 등 가만히 앉아 있지만은 않았다.

장인은 주문자가 도착하자마자 수납장의 서랍을 여는 방식이 문제가 있음을 지적했다. 그럼에도 불구하고 주문자는 자신이 요구한대로 작업을 진행해 줄 것을 요청했다. 장인은 그럴 경우 서랍을 열 때 매끄럽지 않을 수도 있음을 일러주었다. 이에 따라 서랍장을 여는 방식은 주문자의 요구대로 하되, 서랍장의 손잡이는 아래가 아닌 위로 가게 할 것을 제안하였다. 주문자도 장인과의 작업이 이번 처음이 아님에 따라 장인의 의견을 존중하고 이를 받아들였다. 이렇게 해서 긴 시간 중단되었던 작업을 다시 진행할 수 있었다.

<멈춤 5>는 수납장 서랍을 제작하려는 순간, 오전에 전화로 건축물 모형 제작을 주문했던 인근 대학교수가 방문함에 따라 부득이하게 작업을 중단할 수밖에 없는 상황이었다. 장인은 하던 일을 바로 놓고 주문자와 함께 동행한 두 명의 조교를 주문대로 안내한 다음, 차 한 잔을 건넸다. 주문자는 미리 준비해서 가져온 건축모형 설계도를 보며 30여 분가량 건축물 모형 제작에 관한 설명을 이어갔다. 평소 만들던 물건과는 사뭇 다른 성격의 것이었고, 매우 얇고 작은 크기의 모형으로 제작을 의뢰한 상황이어서 장인 역시도 주문자의 제작 의도를 꼼꼼하게 따져보고 그 가능성을 확인해 봐야 했다. 주문자와 장인 모두가 서로가 합의할만한 결과물을 만들 수 있는지에 대한 가능성을 탐색해 보아야 했기에 주문 시간이 다소 오래 걸렸다.

<멈춤 4>는 작업 진행 도중 문제가 발생함에 따라 주문자를 기다려야 하는 상황이었고, <멈춤 5>는 새로운 주문자가 방문함에 따라 하던 작업을 중단해야 하는 상황이었다. <멈춤 4>와 <멈춤 5>는 모두 장인 안에서 스스로 조율 가능한 상황이 아니었다. 외부적인 상황의 개입으로 현재의 상황을 멈출 수밖에 없었던 것이다. 즉 이 시간은 예측할 수 없는 상황의 전개과정 안에 있음을 확인할 수 있었다.

특히 <멈춤 4>의 경우 주문자를 기다리는 시간 동안 주문자의 요구에 맞춰 문제를 해결해 보고자 애쓴 장인의 모습은 그가 왜 장인이 될 수 있었는지를 확인시켜 주었다. 물건과 대면하여 대화한다는 것이 무엇인지, 이론과 실천이 어떻게 다른 것인지를 그의 행동 하나하나를 보며 깨달을 수 있었다.

다. 연속적 흐름으로서의 멈춤과 이어짐

<표 Ⅲ-5> 연속적 흐름으로서의 멈춤과 이어짐

구분	내용
<멈춤 1>	커피 한잔을 하며 오늘 할 작업을 살펴봄
<멈춤 6>	이어서 진행할 일을 다시 한번 훑어봄
<멈춤 7>	작업이 매끄럽게 진행되지 않을 때마다 작업 진행이 중단됨

<멈춤 1>이 진행된 시간은 가게 문을 연 뒤, 9시 30분부터 45분까지 약 15분가량이었다. 표면적으로 보이는 모습은 장인이 커피를 마시며 휴식을 취하는 시간이었다. 그러나 그의 시선은 테이블을 향해 있었고 커피를 마시자마자 바로 작업을 진행해 나가는 모습을 통해 그 시간

동안 장인은 전날 진행했던 일을 가다듬고 오늘 해야 할 일을 생각하고 있었음을 짐작할 수 있었다.

<멈춤 6>은 건축물 모형 주문자가 돌아간 후, 앞서 하려던 수납장 서랍 제작을 하기 위해 수납장을 다시 한번 훑어보는 상황이었다. 다른 주문 건에 집중해 있었던 터라 수납장 작업을 함에 있어 무엇을 먼저 해야 할지, 수납장 주문자가 요구했던 사항은 무엇이었는지 등을 다시 한번 되짚어 봐야 했다. 7분 정도 멍하니 수납장을 바라본 뒤 곧바로 재단 작업에 들어가는 장인이었다.

<멈춤 7>은 수납장의 서랍을 만들기 위해 목재를 재단하고 사이즈를 재고 홈을 내는 등의 작업을 이어가면서도 문제가 생길 때마다 중간중간 멈춰 있는 시간들이었다. 이 시간에도 장인은 만들던 수납장에서 눈을 떼지 않았고 이러저리 살피면서 생각하는 모습을 볼 수 있었다.

<멈춤 1>과 <멈춤 6>은 모두 작업을 시작함에 있어서 앞선 상황을 훑어보는 시간들이었다. 겉으로는 휴식을 취하거나 멍하니 서 있는 듯 보였지만, 장인의 눈은 해야 할 작업물을 응시하고 있었고 잠시의 멈춤 뒤 다음 작업을 곧바로 진행하는 모습을 통해 그의 생각은 쉬지 않고 작업을 이어가고 있었음을 확인할 수 있었다. 작업 내용에 있어 물리적 시간은 단절되었지만 장인의 의식 속에서는 앞선 작업과의 연속선상에서 다음 작업이 진행되는 시간이었다.

<멈춤 7>은 같은 작업 내에서 작업이 순조롭게 진행되지 않을 때마다 진행하던 작업물을 바라보는 시간이었다. 이 역시도 작업의 흐름이 이어지는 것이 아니었고 어떠한 행위가 가해지는 것이 아니었기에 멈춰 있는 시간처럼 보였다. 그러나 잠깐의 멈춤 뒤에 작업을 계속해서 이어나가는 장인의 모습을 통해 그 시간은 지금의 문제를 다시 한번 확인하

고 해결해 나가기 위해 생각하는 시간이었음을 알 수 있었다. 그의 몸과 시간은 잠시 멈춰있지만, 그의 머리는 이전 작업을 생각하고 현재를 바라보며 다음 행위를 예측해 나가고 있었다.

장인의 하루 일과를 작업이 멈춰 있는 시간을 중심으로 살펴봄으로써 능숙한 행위에 필요한 태도가 무엇인지 확인해 볼 수 있었다. 먼저, 주변을 살펴보고 훑어보는 행위, 즉 주의를 기울이는 행위를 통해 작업에 집중할 수 있는 환경을 만들고, 다음을 미리 생각할 수 있게 함을 보았다. 더불어 문제를 파악하는 행위는 일의 진행을 순조롭게 만들며, 이를 통해 다음 행위로 넘어가는 데 여유를 찾을 수 있음을 확인할 수 있었다.

많은 사람들이 업무 중 휴식시간을 업무와 단절된 시간으로 여기곤 한다. 그래서 업무가 바쁠수록 휴식시간을 단축시켜 업무량을 늘려나간다. 그러나 이러한 시스템이 오히려 작업 능률을 저하시키고 장기적으로는 업무 속도나 업무의 질마저 떨어뜨리는 결과를 낳게 된다. 기계도 오래 사용하다 보면 마모되고 고장이 나듯 우리의 신체도 장시간 긴장상태를 유지하고 근육 사용에 노출되면 몸의 균형이 틀어져 많은 문제가 생기기 때문이다.

휴식을 가진다는 것은 신체의 리듬을 회복시키기 위해 필요한 시간이지만, 앞에 놓인 문제에 대해 사고할 수 있는 기회를 제공해 주기도 한다. <멈춤 2> 이후 장인이 점심시간 동안 작업과 떨어져 있던 시선을 다시 옮겨 왔을 때는 오전과는 다른 시선이었다. 오전 내내 테이블 다리 제작에만 몰입했던 장인의 시선은 테이블 다리에 초점을 맞춘 좁은 시야였다면, 점심시간 이후 테이블 다리를 훑어보는 그의 시선은 조금 더 확장된 시야였다. 즉, 테이블의 모양에 다리의 모양이나 위치가 알맞은지 전체적인 균형을 생각하며 바라볼 수 있는 시선을 갖게 된 것이다. 시야가 넓어진다는 것은 생각할 수 있는 영역 또한 확장될 수 있음을 의미할 것이다.

Dimon(2003)은 멈추게 함으로써 목표에 대한 부담감과 불안을 일으키는 원인을 내려놓는 경험을 할 필요가 있다고 하였다. 흔히 우리는 문제 상황이 발생했을 때 불안한 감정에 압도당해 패닉 상태에 접어들게 된다. 멈춤은 이러한 상황에서 감정을 차분하게 가라앉힘으로써 문제를 보다 명확하게 인식할 수 있게 해준다는 것이다. 장인 역시도 문제 상황이 발생했을 때마다 작업을 억지로 이어나가는 것이 아니라 작업을 중단하고 잠시 멈춰 시간적 여유를 가지는 모습을 보였다. 문제해결을 위해서는 문제를 인식할 수 있어야 한다. 멈춤을 통해 시간적 여유를 가진다는 것은 문제를 새롭게 인식할 수 있는 새로운 세계와의 만남일 것이다.

작업의 흐름이 멈춰있다는 것은 물리적 시간에 대한 결과인 것이다. 이 시간 동안 우리의 의식마저 멈춰있는 것은 아니다. 일이 진행되는 것은 절대적 시간의 흐름이 아닌 개인의 시간 안에서 이를 조율할 수 있는 능력이 중요함을 발견할 수 있었다.

최근 취업대란의 소용돌이 속에서 창업을 통한 단독업자 및 초소형 사업자들이 늘어나고 있는 추세이다(Pink, 2001). 이러한 변화는 조직을 위해 일과 학습을 배우고 성장해 나가던 것에서 자신을 위해 일을 계획하고 삶을 이끌어 나가는 것으로 변화하고 있음을 말해준다. 이러한 시대적 흐름 안에 장인이 보여준 시간 활용법은 나를 위한 시간이 어떻게 조직되고 쓰여야 하는지를 새롭게 보여줄 수 있을 것이라 생각한다.

2. 공간과 질서

삶에서 장소, 즉 공간이 주는 의미는 다양하다. 그중에서도 공간은 삶의 질서를 담고 있으며, 그 질서를 유지하기 위해 필요한 조건을 갖추고 나름의 문화를 만들어내고 있다(김우창, 2014). 단순하게 학교와 집이라는 공간이 가져다주는 느낌만 생각해 보더라도 무엇이 다른지 쉽게 알 수 있다. 학교에서의 '나'와 집에서의 '나'가 얼마나 다른 모습으로 존재하고 있는지 되짚어 본다면 각 공간에서 지켜야 할 규율과 그에 따른 행동의 변화를 금세 알아차릴 수 있을 것이다. 이렇듯 공간은 우리의 행위를 결정짓는 역할을 하기도 한다.

이러한 관점에서 보면 공간은 멈춰있는 동일한 장소가 아닌, 인간의 움직임과 행위에 따라 다양하게 변할 수 있는 지각의 장이 된다. 라이프니츠는 뉴턴의 절대공간 개념에 엄격히 반대하였고, 공간의 이념을 규정하기 위해 '위치관계'를 강조하였다. 즉 각 물체의 위치는 다른 물체와의 관계, 즉 '무엇과의 관계' 속에서 파악된다는 것이다. 따라서 공간 안에서의 관찰은 정해진 시점에 의거해 이루어지는 것인데, 관찰자가 공간의 다른 지점에 있으면 모든 것은 달라진다고 하는 시각의 다양성을 주장하였다. 따라서 장인이 지각하는 공간과 그 안에서의 경험을 들여다보는 것은 장인이 자신을 둘러싼 세계와 어떠한 관계를 맺고 있는지 살펴볼 수 있는 자료를 제공해 줄 수 있다.

한편, 작업장의 공간을 살펴보는 것은 장인의 작업을 들여다보기 전 목공에 대한 이해를 다지는 과정이기도 하다. 작업장에 놓여있는 각각의 도구와 장비들의 배치가 장인의 작업과 어떠한 관련성이 있는지 들여다보는 것은 목공 일을 이해하는 바탕이 되어 주었다. 이는 공간이 결코 작업과 분리될 수 없으며, 작업 공간을 어떻게 만들어나가느냐에 따라 작업 행위 역시 달라질 수 있음을 의미한다.

[그림 Ⅲ-1] 강인내 장인의 작업장 내부 모습

작업장의 공간과 관련해서는 작업 공간이 넓고 작업량이 많은 강인내 장인의 작업장을 중심으로 살펴보고자 한다. 진정성 장인의 작업장의 경우, 공간이 협소하고 현판 및 작은 소품을 주로 제작하는 상황이어서 장인의 움직이는 동선이 자유롭지 못했다. 따라서 강인내 장인의 작업장을 중심으로 목공과 관련된 도구의 위치와 장인의 작업 행위가 어떠한 흐름을 가지고 이루어지고 있는지 분석해 보고자 한다.

가. 공간의 구조

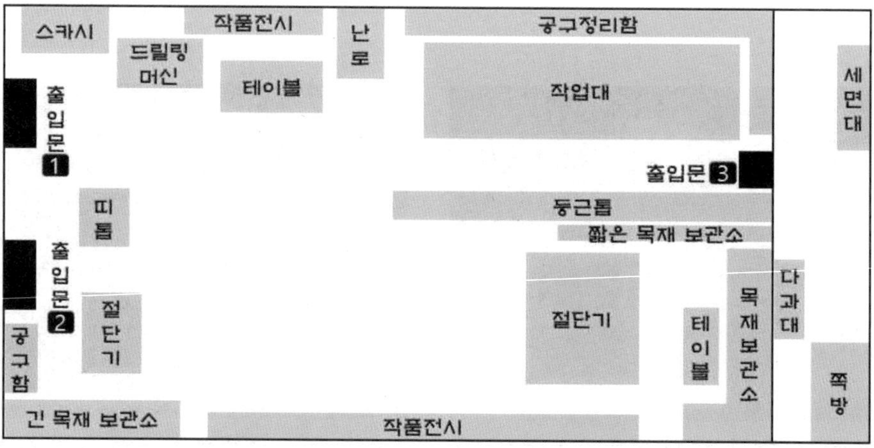

[그림 Ⅲ-8] 강인내 장인의 작업장 배치도

[그림 Ⅲ-2]는 강인내 장인의 작업장을 그림으로 구조화시킨 것이다. 작업장은 두 개의 분리된 공간을 가운데 벽을 터서 만든 곳이었고 네 개의 벽면을 기준으로 작업 도구와 공구들이 배치되어 있지만, 중간중간 놓여 있는 공구들 때문에 한눈에 쉽게 작업장의 모습이 들어오는 구조가 아니었다. 작업장의 공간 배치 및 장인의 공간 활용과 관련한 이동 경로를 자세히 들여다보기 위해 작업장의 모습을 간략하게 구조화시켜 그림으로 옮겨 놓았다.

목공 작업에서는 어떤 제품을 만드느냐에 따라 다르겠지만 가구 제작을 예로 들어보면 일반적인 작업 순서가 있었다. 먼저 손님이 찾아오면 작업대에 앉아 제품과 관련한 설명을 듣고 설계도를 작성한다. 이후 완성된 설계도를 바탕으로 제품을 만들기 위한 기초단계인 재단 작업에 들어간다. 재단된 목재는 사포질을 통해 표면을 깨끗하게 다듬어 놓는다. 제품의 용도에 따라 스카시로 다듬거나 드릴링머신으로 구멍을 내어 조립할 수 있는 형태로 다듬어 나간다. 이후 진공 드릴을 사용해 못을 박거나 본드칠을 하여 가구를 조립해 나간다. 경우에 따라 페인트칠을 하거나 니스칠을 하여 가구에 색을 입히고 윤기를 더하기도 한다. 이 과정을 간단하게 정리하면 아래의 <표 Ⅲ-6>과 같으며, 이를 작업장에 옮겨 보면 [그림 Ⅳ-3]과 같다.

<표 Ⅲ-6> 가구 제작을 위한 일반적인 과정

주문 및 설계도 작성 → (목재 주문) → 재단하기 → (부품 만들기) → 조립하기 → 칠하기

[그림 Ⅲ-3]에서 보는 것과 같이 강인내 장인의 작업장은 목공 기계들의 위치에 따라 작업 공간이 어느 정도 분할되어 활용되고 있음을 확인해 볼 수 있다. 기계의 쓰임이 정해져 있기에 그 기계가 필요한 과정에 따라 작업 공간이 변하는 것은 당연한 이치일 것이다. 그러나 이 기계들의 위치가 아무 이유 없이 지금의 자리에 놓인 게 아니라는 점을 감안해 본다면 분명 작업 내용과 무관하지 않음을 짐작해 볼 수 있다. 다음에서는 이러한 작업장의 구조가 장인의 작업에 어떠한 영향을 주고 있는지 자세히 살펴보고자 한다. 이를 통해 수십 년 동안 목공 일을 하면서 장인이 만들어 놓은 작업장의 질서와 문화는 무엇인지, 그 속에 장인의 숙달된 행위는 어떻게 이루어지는지 확인해 볼 수 있을 것이다.

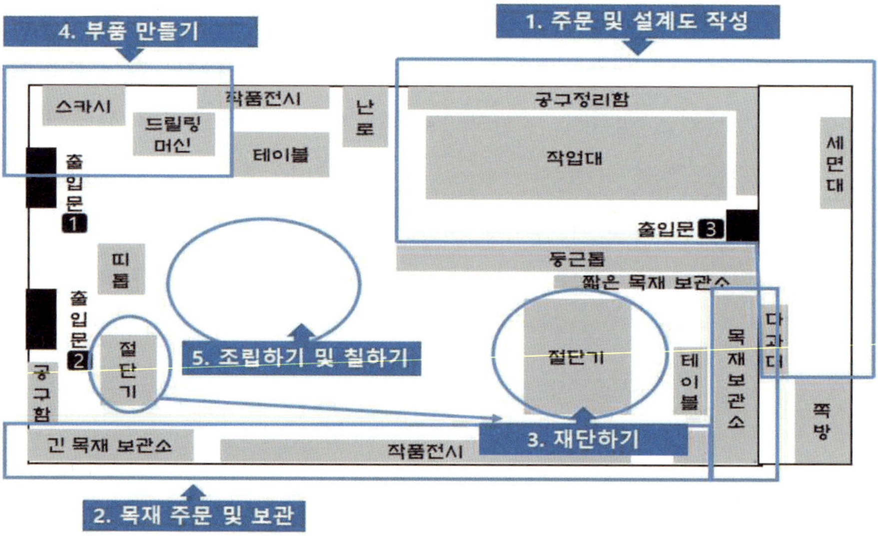

[그림 Ⅲ-9] 가구 제작과정에 따른 작업장의 공간 활용

나. 공간 지각과 작업 경험

앞서 작업장의 공간을 일의 과정에 따라 분할해 놓은 모습을 살펴보았다. 지금부터는 작업 과정에 따라 분할된 공간을 하나씩 살펴보고자 한다.

먼저 주문과 설계도가 작성되는 장소이다. 여닫이문으로 되어 있는 작업장은 원래 두 개의 분리된 공간이었으나 가운데 벽을 허물고 하나의 공간으로 넓게 사용하고 있었다. 이에 따라 출입문도 2개로 나뉘어져 있었다. [그림 Ⅲ-4]에서 보는 바와 같이 장인의 작업장을 들어서는 대부분의 사람들은 출입문①을 이용했다. 특별한 경우가 아니라면 보통 출입문①만 열려 있는 상태이기에 머뭇거림 없이 출입문①이 입구라고 생각하고 들어오는 것이었다. 손님이 들어서면 일을 하던 장인은 자연스럽게 작업대가 있는 위치로 이동했다. 작업대 주변에는 의자가 한두 개 놓여있고 주문을 받을 수 있는 설계도와 필기도구들이 즐비해 있었다. 장인은 손님을 자리에 앉을 수 있게 유도한 뒤, 출입문③으로 들어가 다과대에서 간단한 차 한 잔을 타서 건넸다. 출입문③ 뒤의 공간은 작업장에서 간단한 취사를 할 수 있는 세면대 및 싱크대, 다과테이블이 있었고 안쪽 쪽방은 장인이 출근하여 옷을 갈아입거나 잠시 휴식을 취할 수 있는 개인적인 공간이었다.

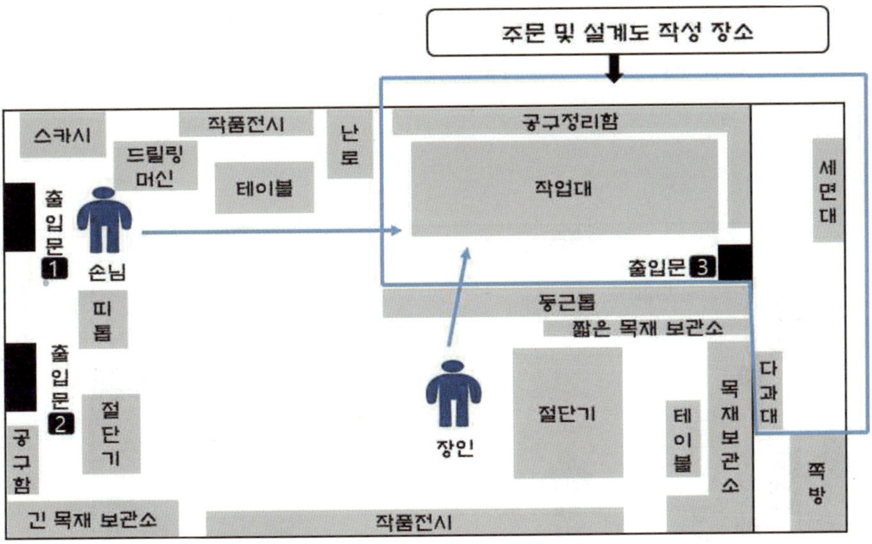

[그림 Ⅲ-10] 공간 지각과 작업 경험 1 : 주문 및 설계도 작성 시

목공에서의 주문은 면대면으로 이뤄지는 경우가 많아 작업대 앞에서 이어지는 대화는 짧게는 5분에서 길게는 30분 이상의 시간이 소요되었다. 긴 시간 제품 제작을 위해 대화를 이어나가야 하는 상황이었기

에 주문을 받는 장소는 출입문과 다과대에서 가깝고 편안하게 앉을 수 있는 넓은 공간이 되었을 것이다. 더불어 판매 역시도 이곳에서 진행되었는데, 완성된 물건을 작업대 위 혹은 작업대 근처에 세워 둠으로써 주문자가 방문했을 때 쉽게 물건을 확인할 수 있도록 하였다.

다음은 목재 배달 및 보관 시 공간 활용이다. [그림 Ⅲ-5]는 목재가 배달될 때의 이동 경로와 목재를 보관해 놓는 장소를 그림으로 나타낸 것이다. 앞서 출입문①은 대부분의 손님들이 드나드는 문이었다. 반면 출입문②는 배달된 목재가 들어오거나 부피가 큰 물건을 옮길 때 주로 사용했다. 평상시에는 닫혀 있던 이 문이 목재를 이동시키기 위해 열리는 것이었는데 여닫이문의 형태여서 부피가 큰 물건이 드나들기에 용이한 구조였다.

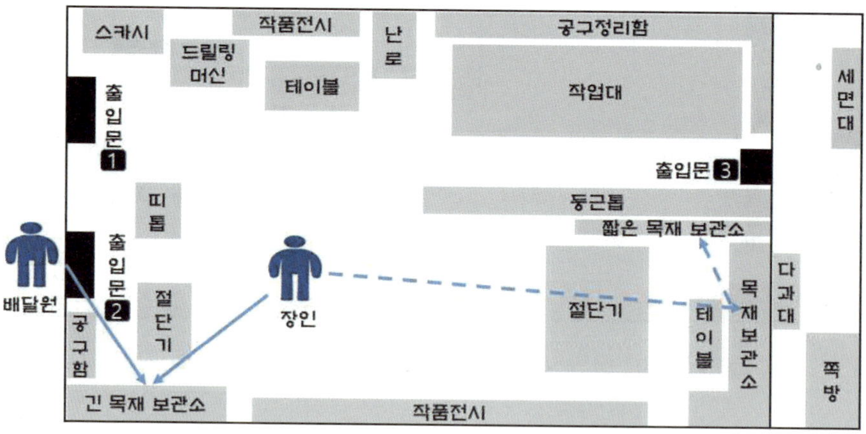

[그림 Ⅲ-11] 공간 지각과 작업 경험 2 : 목재 배달 및 보관 시

목재배달원은 트럭으로 운반된 목재를 내린 후, 출입문②로 들어와

오른쪽에 위치한 '긴 목재보관소'에 곧바로 세워 두었다. '긴 목재보관소'는 작업장 위 천장을 뚫어 길이가 긴 목재가 들어갈 수 있도록 만들어 놓은 것이었다. 장인은 이전까지는 작업장 안쪽에 위치한 '목재보관소'에 배달된 모든 목재를 보관해 두었는데, 긴 목재가 들어오면 작업장에 눕혀 놓아야 해서 자리를 많이 차지했다고 했다. 보관할 곳이 마땅치 않았기 때문에 목재를 한꺼번에 주문해 놓기도 어려워 급한 주문 건일 경우 필요한 목재가 없어 불편한 점이 많았다고 했다. 이 때문에 장인은 운반과 보관이 모두 용이한 출입문② 오른쪽 천정을 뚫어 긴 목재를 세워 보관할 수 있게 만들어 놓은 것이었다.

사실 긴 목재를 보관하기 위해 막힌 천정을 뚫을 생각을 한다는 것 자체가 일반적인 일은 아닐 것이다. 2차원적 사고에 익숙해진 우리는 공간을 인식할 때에도 평면적인 시각으로 바라보는 경향이 크다. 주어진 공간을 입체적으로 변형해서 활용하기보다는 평면적인 형태를 유지한 상태에서 사물들의 배치만 바꾸기 일쑤다. 그러나 강인내 장인의 경우 분리되어 있던 두 개의 공간을 가운데 벽을 허물어 하나의 작업 공간으로 활용함은 물론 긴 목재를 보관하기 위해 천정을 뚫어 사용하는 등 공간을 3차원으로 인식하고 활용하고 있었다.

이는 장인이 하는 일의 성격과도 무관하지 않은 것이었다. 목공에서 만드는 일은 2차원의 평면적 설계도를 바탕으로 3차원의 입체적 사물을 만들어내는 일이기 때문이다. 평면적인 것을 입체적으로 구현해 내려면 공간에 대한 지각력이 필요하며, 사물이 완성되기 이전에 머릿속에서 이미 이 사물에 대한 입체적 형상이 그려져야 한다. 이러한 일에 익숙한 장인이었기에 공간을 바라볼 때에도 평면적으로 지각하기보다는 일의 성격에 따라 작업장을 입체적으로 바라봄으로써 변형을 꾀할 수 있었던 것이다.

그렇다면 긴 목재보관소가 기존의 목재보관소와 짧은 목재보관소 옆이 아닌 출입문② 바로 옆에 위치한 이유는 무엇일까? 배달원이 목재를 옮기는 과정을 살펴보니 혼자 힘으로 길고 무거운 목재를 운반하기란 여간 힘든 일이 아니었다. 목재를 실은 트럭이 도착했을 때 장인 역시도 밖으로 나가 배달원과 함께 목재 운반 작업을 돕는 것을 확인할 수 있었다. 크고 무거운 목재를 출입문을 통해 들여놓기 위해 세워진 방향을 가로로 눕혀 이동시키는 데만 해도 상당한 시간이 소요되었다. 이 과정에서 목재를 살짝만 다른 방향으로 운반해도 출입문을 비롯한 각종 공구에 부딪히는 일이 발생되기 쉬운 상황이었다. 이에 따라 출입문에서 가장 가까운 곳에 목재를 1차적으로 보관할 수 있도록 공간 배치를 한 것이었다. 또한 긴 목재보관소 앞에는 작은 절단기가 놓여 있었는데, 이는 1차적으로 보관된 목재를 운반하기 편한 상태로 잘라 활용하기 위함이었다.

긴 목재보관소

중간 크기 목재보관소

[그림 Ⅲ-12] 목재 크기 및 길이에 따라 분리해서 보관

이렇게 잘라 놓은 중간 길이의 목재는 작업장 안쪽에 위치한 목재보관소로 다시 옮겨졌으며, 사용하다 남은 짧은 목재는 왼쪽 공간에 별도로 보관해 두었다. [그림 Ⅲ-6]에서 보는 바와 같이 목재도 크기와 길이에 따라 분리해서 보관해 둠으로써 필요한 용도에 따라 찾고 고를 필요 없이 바로 가져다 쓸 수 있도록 조치한 것이었다. 이는 작업 시 시간을 줄일 수 있는 일이기도 하지만 목재의 종류에 따라 현재 수량 상태를 한 번에 확인할 수 있는 일이기도 했다.

목공에서의 기본 재료인 목재의 상태를 파악하고 그 수량을 확인하는 일은 일을 진행해 나가기 위한 기본 바탕이 된다. 만드는 일이 성립하기 이전에 재료 준비부터 제대로 되어 있지 않다면 어떻겠는가? 요리를 할 때도 만들 음식에 필요한 재료를 고르고, 고른 재료를 씻고 다듬는 일부터 시작한다. 잘못된 재료 선택과 재료 손질이 완성된 요리의 모양과 맛에 얼마나 큰 영향을 미치는지 해본 사람이라면 누구나 알 수 있을 것이다.

목재 준비가 완료되면 재단 작업에 들어간다. 재단 작업은 작업장 안쪽에 위치한 목재보관소 앞에서 주로 이루어졌다. 목재보관소 앞에는 가장 큰 절단기 한 대가 놓여 있었는데, 이 절단기는 넓고 긴 목재도 쉽게 자를 수 있도록 절단기 앞에 테이블 하나가 덧대어져 있었다. 거의 대부분의 재단 작업이 이곳에서 이뤄짐에 따라 목재를 손쉽게 가져다 쓸 수 있도록 공간을 배치한 것이었다.

[그림 Ⅲ-7]은 재단 작업 시 공간 배치와 장인의 이동 경로를 표시한 것이다. 작업대 근처에 있던 장인이 재단 작업을 위해 목재보관소로 이동 후 사용할 목재를 선택해 절단기 앞에 선다. 각 크기에 따라 재단 작업을 묶어 진행하였는데 재단 작업이 완료된 목재는 다시 작업대 위에

올려두었다. 작업대 위에서는 재단 작업이 끝난 목재들의 사이즈를 다시 한번 확인하는 작업이 이뤄졌다. 사이즈가 맞지 않은 목재는 작업대 앞에 놓인 둥근톱을 이용해 바로바로 수정해 나갔다.

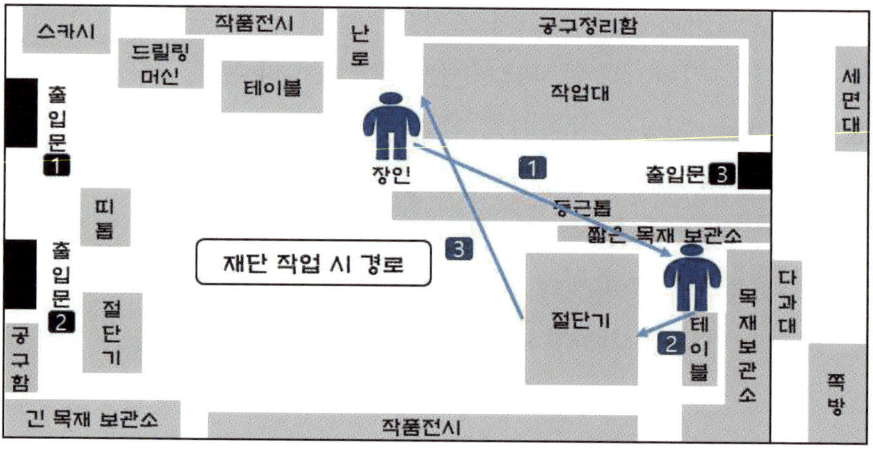

[그림 Ⅲ-13] 공간 지각과 작업 경험 3 : 재단 작업 시

목재와 절단기를 가까이 둠으로써 불필요한 힘의 사용을 배제하고, 사이즈를 재서 자르고 다시 확인하며 둥근톱을 이용해 바로바로 수정해 가는 일의 과정에 따라 자신에게 가장 익숙한 위치와 동선으로 작업 공간을 마련한 것을 확인할 수 있었다. 일의 수월성 면에서 공간이나 도구가 위와 같이 배치되었을 것이라 쉽게 예측할 수 있겠지만, 이 수월성이 물건의 완성도나 작업의 흐름에도 큰 영향을 주고 있었다.

사실 재단 작업은 목공 일에서 가장 기본이 되는 일인 동시에 매우 중요한 과정이기도 하다. 이는 정확성을 구현해 내는 일이기 때문이다. 각각의 부품들이 정확한 사이즈로 재단되어야만 전체를 조립했을 때 어긋나지 않고 균형 있게 모양을 갖출 수 있는 것이다. 동시에 재단 작업은 단순한 작업의 반복 과정이기도 하다. 사이즈를 재고 확인할 때에만 신중히 주의를 기울일 뿐, 같은 사이즈로 목재를 재단할 때에는 아주 빠른 속도로 무의식적인 상태에서 일이 진행되는 모습을 확인할 수 있었다. 즉, 일의 리듬이 형성되는 것이었는데, 이를 통해 일의 능률을 증대시키고 있었다. 절단기라는 도구가 초보자가 사용할 경우, 기계의 힘과 목재가 잘려나가면서 튕기는 힘에 의해 잠시라도 방심할 경우 큰 사고로 이어질 수 있다는 점을 감안한다면 쉽게 이해하기 힘든 부분이기도 했다. 그러나 목공 일의 대부분이 위험한 도구를 다루는 작업의 연속이기에 매 순간 신경을 곤두세우고 주의를 기울여야 한다면 일이 순조롭게 진행되기 어려울 것이다. 주문자의 요구에 따라 매번 다른 물건을 만들어내야 하는 장인이지만, 재단 작업만큼은 늘 같은 원리와 행위로 이뤄지는 일이기에 그 상황 안에서 장인의 신체는 기억된 동작들이 바탕이 되어 자동화된 움직임을 보이는 것이었다.

일의 과정에 따라 분할된 장인의 작업 공간을 하나씩 살펴보면서 그 각각의 공간에서 만들어지는 행위에는 나름의 질서가 있음을 확인할 수 있었다. 사실 목공 일이 이렇게 단순하게 진행되는 것이 아니나, 그 모든 과정을 일일이 다 보여주고 분석할 수 없기에 가구 제작이라는 특정한 상황 안에서 특징적인 과정을 중심으로 이야기를 전개시켜 나갔다. 손님이 방문하여 주문을 받을 때, 목재 배달원이 목재를 운반할 때, 배달된 목재를 재단할 때 등 몇 가지 상황을 바탕으로 작업장의 공간 배치와 활용, 장인의 작업 행위를 분석해 봄으로써 기존의 공간을 나름의 작업 질서에 맞게 어떻게 배치시키고 변형시켰는지 볼 수 있었다. 이러한 공간 배치는 불편함이라는 저항을 최소화하기 위한 조치였고, 각 공간 안에서 장인이 보여준 이동 동선은 수십 년간 작업장을 운영하면서 만들어온 작업 문화 안에서 의례화된 행위 질서였다.

다. 동선 확장과 연결망

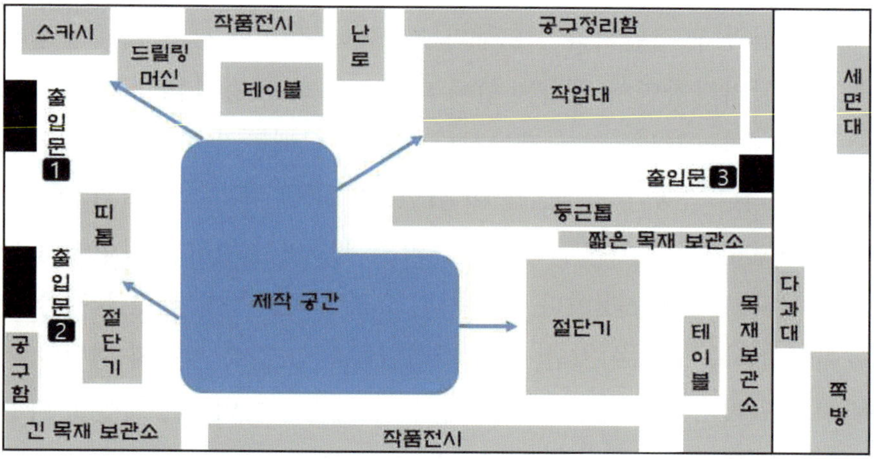

[그림 Ⅲ-14] 작업장의 제작 공간과 장인의 작업 동선

마지막 조립 단계에서는 기존에 이뤄졌던 일의 과정을 확인하고 수정해 나가는 작업이 이뤄진다. 간단히 말하면, 재단된 부품을 모양에 맞게 붙이거나 못으로 박아 고정시키는 일이 진행된다. 이때 사이즈가 맞지 않거나 모양이 틀어지는 등의 문제점들을 발견할 수 있다. 이럴 경우 앞의 과정으로 되돌아가야 할 경우가 발생하게 되는데, [그림 Ⅲ-8]에서 보는 바와 같이 제작 공간에서는 어느 위치로든 이동이 자유로웠다.

의자나 소품 등 크기가 작은 제품을 조립할 때에는 작업대 근처에서 작업을 하는 경우가 많았다. 소품의 경우 조각을 새기거나 모양을 다듬는 등 추가적인 과정이 필요했는데, 작업대에는 이에 필요한 공구들이 대부분 갖춰져 있었다. [그림 Ⅲ-9]와 같이 작업대 테이블 아래에는 여러 개의 수납공간을 만들어 놓았는데 이 공간 속에는 끌, 칼, 풀, 못 등 제품을 만들 때 필요한 공구가 종류별로 수납되어 있었다. 또한 둥근톱 앞쪽으로 못을 박을 수 있는 드릴이 종류별로 줄지어 걸려 있었다. 제품을 조립할 때에는 못을 박아 고정시키는 일이 다반사였으므로 못의 크기에 따라 사용되는 드릴의 종류도 달랐다.

[그림 Ⅲ-15] 작업대에 수납된 각종 공구들

반면 부품 중 둥근 구멍을 뚫거나 곡선 모양을 내야 하는 경우에는 출입문① 옆에 있는 스카시와 드릴링 머신을 이용하였다. 재단된 부품의 경우에도 사이즈가 조금씩 맞지 않는 경우가 있는데, 이때에는 조립 중간에 다시 절단기를 이용해 수정해 나가기를 반복하였다.

이렇듯 부분으로 나눠 있던 공간은 독립된 공간인 듯 보였으나, 제품이 완성되기까지 수많은 수정 단계를 거치며 작업장의 각 공간은 전체로 이어지는 하나의 연결망이었다. 각 단계에서의 작업이 늘 완벽할 순 없으며 앞선 작업 결과에 따라 이어지는 작업 내용이 달라지기 때문에 검토하고 수정하는 과정 또한 수시로 병행되었다.

어찌 됐건 작업장의 공간은 일과 결합된 수많은 상황을 만들어내고 조율해 나가는 곳이다. 작업장에서 만나는 사람들과의 관계, 작업장에서 이루어지는 다양한 목공 작업의 과정들, 그 과정 안에 닥쳐왔던 수많은 난관 앞에서 머리 숙여 고뇌하며 이를 해결해 나가던 장인의 경험과 직관력이 모두 공존하는 살아있는 공간이다. 목공과 함께한 세월만큼이나 강인내 장인의 작업장 역시 그 오랜 세월의 역동성을 고스란히 담고 있으며, 장인의 실기에 따라 유동적으로 변모해 왔다. 장인의 행위가 물 흐르듯 자연스러워 보였던 것도 이 익숙한 공간에서 만들어진 장소감(感)이 이끌어준 결과일 것이다.

숙달은 애씀을 줄이는 행위 상태이기도 하다. 자연스러워 보이는 것 역시 이와 관련하여서다. 장인의 숙달된 행위가 가능하기 위해서는 이를 둘러싼 조건을 최대한 자기 맥락 안으로 끌어들여야 한다. 어려운 이야기인 듯 하지만 일상 속에서 우리가 늘 하고 있는 일이기도 하다. 매일 앉아 일하는 사무실 책상만 잘 살펴봐도 알 수 있다. 책상 위에 어지럽게 널려있는 물건들, 서랍장 칸칸이 들어있는 각종 필기구와 문구류가 마냥 무질서하게 자리 잡고 있는 듯 보이지만, 사실 이 물건들의 배치는 자신이 사용하기 가장 편한 위치에 자연스럽게 놓여있는 것이다.

굳이 생각하거나 신경 쓸 필요도 없을 만큼 습관화되고 일상적인 일이 되었기에 모르고 지나갔던 것뿐이다. 조금만 주의를 기울여 보면 우리의 행위가 물건이 자리한 곳에서부터 시작되고 움직이는 것임을 누구나 쉽게 알 수 있을 것이다.

IV. 작업공정의 전문성과 작업의 일상성

1. 변신도구

장인의 숙달된 기술에 대한 이야기를 전개해 나가는 데 있어 그가 사용하는 도구 활용에 대한 분석은 매우 중요하다. 도구라는 용어가 좁게는 일을 할 때 쓰이는 연장을 일컫는 말이지만 넓게는 어떠한 문제를 해결하기 위해 사용하는 지식과 기술까지도 포함한다(Simon, 1996). 즉, 도구는 문제해결이라는 상황과 맞닿아 있다. 목공장인은 늘 새로운 무언가를 만드는 사람이다. 간혹 같은 물건을 만들 수도 있겠지만 주문자의 요구에 따라 만들어야 하는 직업이므로 새로운 물건을 만들어야 하고 그에 따라 새로운 문제에 봉착하게 된다. 그러고 보면 장인에게는 풀어야 할 문제가 매일 존재하는 셈이다. 쉽든 어렵든 장인은 이 문제를 해결하기 위해 자신이 가진 연장과 지식, 기술을 모두 동원할 수밖에 없는 위치이다.

일반적으로 목공에 주로 사용되는 도구들이 있다. 목공에 입문하기 위해서는 기본적인 도구들의 사용법을 숙지하고 도구를 다루는 데 능숙해져야 한다. 기술을 습득하는 데 오랜 시간이 걸리는 이유도 이 도구를 다루는 데 오랜 시간이 걸리기 때문일 것이다. 도구가 더 이상 도구로써의 존재적 위치를 상실했을 때 비로소 자신만의 기술적 역량을 발휘할 수 있다.

여기서는 장인이 문제를 해결하기 위해 활용하는 연장으로써의 도구 사용법을 중심으로 그 상황에 함께 동원되는 그의 지식과 기술의 실체까지도 엿보고자 한다. 그가 가진 지식은 오랜 경험을 통해 터득한 현실적이고 실질적인 지혜이고, 그의 기술은 수없이 많은 연습과 새로운 도전, 실패와의 조율을 통해 만들어진 장인성의 결정체이다. 따라서 장인의 도구 사용에 대한 관찰은 장인의 숙달된 기술을 넘어 그의 정체성을 엿볼 수 있는 기회이기도 하다.

스카시는 우리말로 쉽게 풀어쓰면 실톱이란 뜻이다. 대부분의 목공기계들이 일본에서 들여온 것들이라 명칭도 일본어가 많았다. 예를 들면 오비노꾸는 띠톱을, 마르노꾸는 절단기를 가리키는 말이었다. 처음 보는 기계의 이름을 물을 때마다 생소한 일본어의 명칭이 불쑥불쑥 튀어나와 한 번에 제대로 알아듣기 힘들었다. 목공 기계에 대해 좀 더 자세히 알고 싶어 일본어 명칭 그대로 인터넷 검색을 해보았으나 이에 대한 용어 자체를 찾기 힘들었다. 오히려 우리말이나 영어로 된 용어가 주로 쓰이고 있었다. 기계가 처음 들어왔을 때의 명칭을 그대로 사용할 만큼 숭의동 목공장인이 사용하는 기계와 그들의 경험은 40년 이상 오래된 것들이었다.

스카시는 실톱이기 때문에 톱날의 회전이 용이해 주로 곡선으로 이루어진 모양을 자를 때 사용한다. 가는 실톱이 위아래로 왔다 갔다 하면서 목판을 잘라내는 원리를 이용한 것이다. 하나 특이한 점은 스카시 위에 무거운 모래주머니가 올려져 있는 것이었다.

모래주머니는 흔들리는 기계를 잡아주는 버팀목 역할을 하고 있었다. 처음부터 모래주머니를 올린 것은 아니었을 것이다. 흔들리는 기계를 온몸의 힘으로 눌러 작업을 진행해 보기도 했을 것이고, 무거운 물체를 받침대 위에 올려 보기도 했을 것이다. 실제로 스카시를 사용하여 작업할 때마다 모래주머니를 올렸음에도 불구하고 큰 소음과 덜컹거리는 움직임을 확인할 수 있었다. 신체적 힘을 가해 기계의 움직임을 잡기에는 진동의 크기가 너무 컸으며 오랜 시간 작업하기 어려운 조건이었다. 반면 받침대 위에 무거운 물건을 올려놓을 경우, 고정되어 있지 않고 작업대의 자리를 많이 차지하게 되므로 불편함은 가중되는 상황이었다.

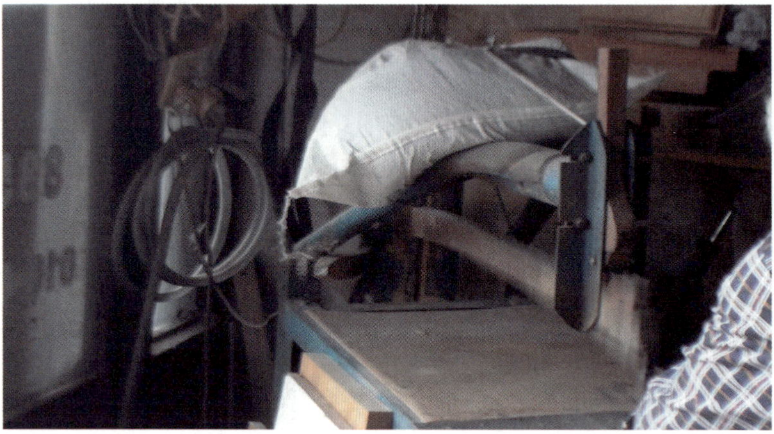

[그림 Ⅳ-1] 스카시 기계 위에 모래주머니를 올린 모습

아, 이 기계는 제작 업체에서 나온 스카시(실톱)라는 기계인데 여기에 우리가 보완한 것은 위에 모래주머니를 올린 거예요. 이 기계가 왔다 갔다 하면서 뼈대까지도 움직이는데 이 진동을 탄력을 조금 줄이기 위해서 위에다 모래주머니를 올려둔 거죠(진정성, 2017.11.10. 인터뷰 내용 중).

앞서 언급했듯이 스카시는 톱날의 회전이 용이해 곡선 모양을 자를 때 주로 사용하는 기계이다. 스카시에 끼워져 있는 실톱은 얇고 가늘어 회전이 용이한 반면 그만큼 잘 부러진다. 톱날이 부러지는 경우가 많아 새로운 톱날을 갈아 끼워야 하는 일이 잦고, 곡선 모양을 자를 경우 목재의 위치를 자주 이동시켜 주어야 한다. 기계 자체의 진동도 문제이지만 작업하는 동안 고정된 상태로 작업하기 어려운 도구이다. 이러한 문제점을 극복하기 위해 선택된 물건이 모래주머니였을 것이다. 모래주머니는 무게가 무거워 기계의 진동을 잡아줌은 물론 스카시 기계 위 곡선 철재 위에 놓기에도 안성맞춤이다. 포대자루에 담겨 있지만 모양이 정해져 있는 것이 아니라 지지대의 모양에 맞춰 자리를 잡을 수 있기 때문이다. 또한 노끈으로 단단히 묶어 두어 약간의 흔들림에 쉽게 무너지지 않으며 기계의 움직임에 따라 모래가 조금씩 이동하면서 균형을 맞춰 나가기도 용이하다. 모래주머니를 올려놓은 것은 어쩌면 작은 변화인 듯 보이나 작업 진행에 있어서는 큰 차이를 주는 요인이었다. 장인의 기술이 빛을 발하기 위해서는 작업 조건 또한 그에 맞게 변형되어야 함을 보여주는 일례일 것이다.

조각칼은 현판 제작이나 목재에 무늬를 조각할 때 주로 사용되는 도구이다. 사용되는 용도에 따라 창칼, 둥근칼, 끌칼, 세모칼 등으로 나뉜다. 창칼은 날카로운 선이나 세밀한 부분을 파낼 때 쓰이고, 둥근칼은 굵은 선을 파낼 때나 넓은 면을 파낼 때 편리하게 사용되며, 끌칼은 필요 없는 부분을 없앨 때나 거친 면을 정리할 때 사용된다. 목공에서는 주로 세모칼을 많이 이용하는데, 세모칼은 선을 파내는 데 편리하고 쓰기가 간편하다.

이러한 조각칼을 사용함에 있어서도 있는 그대로 사용하는 것이 아니었다. 작업 초기에 사용한 조각칼은 손잡이 전체에 가죽이 감겨져 있었다. 손잡이 전체에 가죽을 감았던 때에는 작업 시 조각칼을 잡는 위치가 유동적이었다. 그러다 작업 경험이 쌓이면서 힘을 적게 쓰면서 오랜 시간 조각할 수 있는 위치를 알게 된 것이었다. 특히 조각의 경우에는 방향 전환이 많이 필요하고 오랜 시간 정교한 작업을 요구할 때가 많았다. 방향을 조금만 잘못 틀어도 나무의 결이 나가 매끄럽지 못한 상태가 되고 정교한 작업을 위해 손에 힘이 많이 들어갔다. 이러한 이유로 조각칼의 방향을 최대한 안정적으로 전환할 수 있는 방법과 최소한의 힘으로 일의 능률을 올릴 수 있는 조각칼의 사용법을 찾는 게 무엇보다 중요했을 것이다.

그리하여 최근에 사용하는 조각칼에는 손잡이 뒤로 나무를 덧대어 길이를 늘이고, 칼날과 이어지는 손잡이 앞부분에 고무를 감아 놓은 것을 발견할 수 있었다. 조각칼 손잡이 뒤로 나무를 덧대어 길이를 늘인 것은 손잡이를 가슴으로 밀수 있게 만듦으로써 작업 중 손에 힘이 빠지고 무리가 가는 것을 보완하기 위해서였다. 이렇게 하면 손으로만 작업했을 때보다 힘이 분산되므로 적은 힘으로 오랜 시간 작업할 수 있게 된다. 또한 손잡이 앞부분에만 고무를 감은 것은 조각칼을 잡는 손의 위치가 주로 앞부분이고, 이곳을 잡았을 때 압착이 잘 되게 만들어주는 재료가 가죽보다는 고무가 적합했기 때문이다. 즉, 길이를 늘인 조각칼의 가장 뒷부분은 가슴을 대어 힘을 주고 앞부분은 손에 힘을 실어 균형을 맞추고자 한 것이었다.

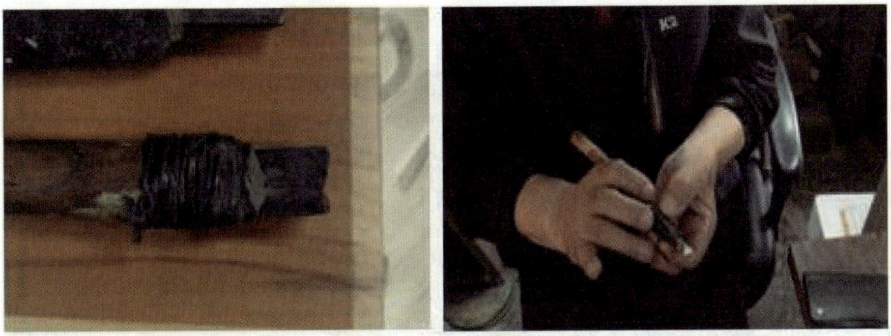

[그림 Ⅳ-2] 변형된 조각칼과 조각칼을 잡는 모습

[그림 Ⅳ-2]와 같이 진정성 장인이 조각칼을 잡은 손을 자세히 살펴보면 손의 위치가 손잡이의 머리 부분임을 확인할 수 있다. 이때 손잡이를 미는 손가락은 중지이고 나머지 손가락은 이를 받쳐주는 역할을 하고 있다. 즉 중지에 힘을 주었을 때 최대한 밀리지 않고 힘의 세기를 효율적으로 전달할 수 있도록 고무줄을 손잡이 머리 부분에 감았던 것이다. 이는 작업 시 손이 미끄러져 칼날에 베일 수 있는 위험을 줄이기 위한 조치이기도 하다.

마르노꾸는 절단기를 가리키는 용어이다. 절단기는 길고 넓은 목재를 적절한 크기로 자르는 도구이다. 강인내 장인의 작업장에는 세 개의 절단기가 각기 다른 용도로 사용되고 있었다. 그 중 재단 작업 시 가장 많이 활용하는 절단기의 경우, 장인의 작업 습관에 따라 변형된 부분이 많음을 확인할 수 있었다.

[그림 Ⅳ-3] 마르노꾸 앞에서 작업 중인 장인

[그림 Ⅳ-3]은 마르노꾸 앞에서 작업 중인 장인의 모습이다. 배달해 온 목재를 중심으로 1차적인 재단 작업이 시작되는 곳인 동시에 장인이 가장 많이 활용하는 절단기이기도 하다. 절단기에는 기본적으로 사이즈를 잴 수 있는 눈금 표시선이 있는데, 좌우로 이동하면서 원하는 사이즈로 조절하여 재단할 수 있게끔 되어 있다. 여기에 장인은 세로 길이를 재기 위해 눈금 표시 나무막대를 별도로 대어 놓았고, 가로 길이 측정을 위해 줄자를 부착하여 놓았다. 세로 길이는 주로 사용하는 사이즈가 있음에 따라 사이즈 단위별로 한눈에 확인할 수 있게끔 눈금 표시를 해두었다. 가로 길이 역시 눈금자를 이동할 필요 없이 바로 길이 확인이 가

능하도록 별도의 자를 부착한 것이었다. 이렇게 해두면 재단할 목재를 절단기에 대는 순간 가로와 세로의 길이 측정이 동시에 되기 때문에 작업을 수월하게 할 수 있는 이점이 있었다.

절단기 앞쪽으로는 보조테이블을 덧대어 놓았다. 보조테이블은 목재가 길고 클 경우 무게 중심이 아래쪽으로 쏠리는 것을 방지하기 위해서였다. 목가구 제작의 경우에는 아주 넓고 큰 목재를 재단기 위에 올려야 했는데, 처음에는 적당한 테이블을 근처에 두고 받침대로 사용하였다고 했다. 그러다 작업 때마다 매번 테이블을 가져다 두는 것도 번거로운 일이었으며, 테이블이 움직일 수도 있어 위험 요소가 가중됨에 따라 절단기에 보조테이블을 부착하여 하나의 도구로 만들어 놓은 것이었다.

장인의 손에 쥐어진 나무막대도 장인이 직접 만들어 사용하는 도구 중의 하나였다. 절단기는 톱날이 매우 날카롭고 재단하는 과정에서 톱밥이 튈 수도 있고 목재의 강도에 따라 잘려나가는 목재 부분이 튕겨나가 다칠 4수 있는 매우 위험한 도구이다. 실제로 장인이 수십 년간 작업하면서 다친 손가락과 배의 상처를 보여주었다. 손가락이 베이거나 꺾여 휘어진 부분들이 있었으며, 목재가 튕겨져 배에 박히는 바람에 심한 흉터가 남기도 했다. 나무막대는 장인의 또 다른 손 역할을 함으로써 이와 같은 위험 상황에서 벗어날 수 있는 보호대가 되어주었다. [그림 Ⅳ−4]는 장인이 기존의 절단기에 새롭게 만들거나 변형한 부분들을 확대해 놓은 것이다.

1) 세로 길이 눈금 표시 선

2) 가로 길이 측정을 위한 줄자 부착

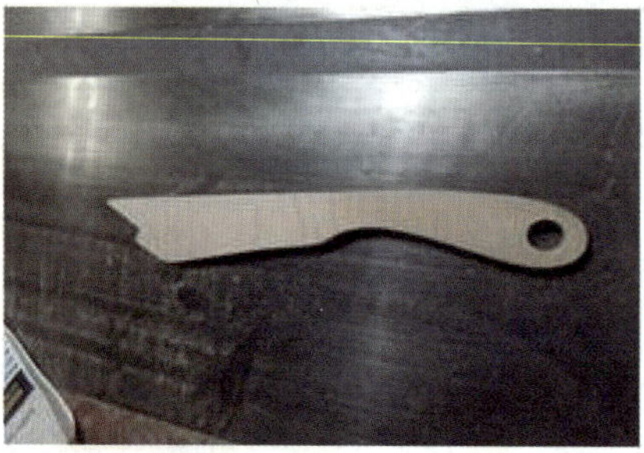

3) 손 보호를 위해 직접 만든 나무 주걱

4) 길고 넓은 목재 재단을 위한 보조 테이블

[그림 Ⅳ-4] 작업의 수월성을 위해 변형한 장인의 마르노꾸

새로운 도구를 손에 익힌다는 것은 끊임없이 사용하고 연습한다는 것이다. 이러한 반복된 연습 과정을 통해 도구의 원리를 이해하게 되고, 다룰 목재의 성격과 자신의 신체적 역량을 탐색하고 이를 다룰 수 있는 방법을 터득하게 된다. 도구는 장인과 사물을 이어주는 매개물로써 도구가 닿는 지점의 위치와 감각 등을 통해 장인은 그가 다루는 목재의 미세한 차이까지도 온몸으로 기억하게 된다.

역량은 어떠한 지식의 표상이나 의미에 의해서도 매개되지 않는 힘이지만 종국적으로는 그 도구를 전유, 즉 자유자재로 부리고 상황을 운용하는 힘을 말한다. 장인이 보여준 도구의 사용과 변형은 장인의 숙달된 행위를 가능하게 하는 조건이자, 그의 역량이 반영된 실체이기도 하다. 도구에 변형을 가했다는 것은 단지 자신에게 편리한 방식을 취했음을 의미하지만은 않는다. 작업의 수월성을 이끌어 준 도구의 변형 안에는 도구와 손, 이에 협응하는 눈과 그의 신체가 적절한 힘을 분배하고 조율하면서 몸의 기억으로 습관화하는 태도가 내포되어 있다. 이는 우리의 의식과 별개로 신체가 자동반사적으로 행위 할 수 있음을 뜻한다.

숙달된 행위는 두 가지 요소로 이루어져 있는데 하나는 반사작용이고 다른 하나는 수의적 요소다. 기술이 아무리 섬세하고 복잡해도 수의적 활동은 대개 우리가 별로 의식하지 못하는 자동반응적 요소들로 이루어져 있다(Dimon, 2003). 도구의 변형은 장인의 작업 중 반사작용, 즉, '해야 하는 것'이 아니라 그저 '일어나는 것'처럼 보이는 행위의 스펙트럼을 넓히는 일이다. 더불어 시간의 흐름에 따라 사용하는 도구가 다른 모습으로 진화되어 왔듯이 장인의 역량 또한 그 흐름에 맞게 발달해왔음을 그가 보여주는 작업 행위를 통해 볼 수 있다.

2. 은밀한 눈

목공에서 가장 중요한 재료는 나무다. 나무의 재질과 속성을 파악하는 것은 나무를 잘 다루기 위한 기본 조건일 것이다. 배움이란 끊임없는 탐구의 과정이다(이마이무쓰미, 2016). 단순한 지식의 습득이나 축적이 아니라 이미 있는 지식을 통해 완전히 새로운 지식을 잉태시킨다는 점에서 그러하다는 것이다. 목공에서 품목에 따라 적당한 나무를 선택하고 질이 좋은 나무를 구별할 줄 아는 안목을 기르는 일은 나무에 대한 기본적인 지식을 바탕으로 나무의 결을 손으로 직접 만져보고 깎아보고 다듬어 보면서 새롭게 터득해 나가야 하는 지식이기에 끊임없는 탐구의 과정이기도 하다.

최근 목공과 관련한 다양한 체험 현장이 많이 생기고 있다. 쟁반, 연필꽂이, 도마 등 간단한 소품을 만들 수도 있고 마음에 드는 글귀를 목간판에 새겨 볼 수도 있다. 아이들의 경우에는 비행기, 배, 로봇과 같은 장난감을 조립하는 수준에서 체험 활동이 이루어진다. 목공 체험장을 직접 방문해서 보니, 가장 먼저 진행되는 수업은 그날 활동에 사용할 나무를 관찰하는 것이었다. 일반적으로 느티나무를 주로 사용하는데, 강도가 단단한 편에 속해 초보자들이 다루기에 비교적 쉬운 장점이 있었다. 참여자들은 돋보기를 통해 나무 속 물줄기를 관찰해보기도 하고 물을 뿌려 향을 맡아보기도 하는 등 자신이 사용할 재료의 성질에 대해 이해하는 시간을 갖게 된다.

목공장인의 경우에도 제품을 만들기 전 가장 먼저 하는 작업이 나무를 관찰해서 사용 가능한 상태로 만드는 일이었다. 같은 종류의 나무라 할지라도 수분을 머금은 정도가 다르고 결이 달라 사용할 수 있는 조건에 맞게 건조시키거나 대패질로 표면을 매끄럽게 다듬어 놓는다. 반면 완전히 건조된 나무들은 더 이상의 수분 손실을 막기 위해 비닐로 싸놓기도 한다. 너무 많이 건조된 나무는 오히려 단단해져 실톱으로 자르기 어렵기 때문이라고 한다. 진정성 장인의 작업장 한 귀퉁이에 비닐로 싸여진 채 덩그러니 서 있던 나무들도 모두 이러한 연유로 제 자리를 차지하고 있었던 것이다.

목공장인의 작업현장을 관찰해보면 물건의 용도나 쓰임에 따라 어떤 나무를 사용해야 하는지, 나무의 종류에 따라 재질은 어떠하며 보관은 또 어떠해야 하는지를 알고 작업에 임하는 모습을 볼 수 있었다. 목재를 보관해 놓은 곳을 살펴봐도 외형상 비슷한 나무들이 많았고 같은 나무라 할지라도 재단한 상태에 따라 달라 보였다. 연구자의 눈으로는 좀처럼 찾아내기 어려운 나무 활용법에 대한 이야기를 진정성 장인을 통해 직접 들어보았다.

연구자 : 『숭의동 목공장인』 책에서 보니 주문해 오는 나무의 30%는 이미 버리는 부분이라고 되어 있더라고요. 가져왔을 때 이미 몇 프로는 불량이고 작업하실 때 실패작들이 나오고 해서 실제로는 반밖에 못 쓴다고 되어 있던대요.

진정성 : 그니깐 이 원자재가 화학제품으로 나오는 것들, 아크릴이라든가 이런 것들이 열처리를 해서 규격화되어 제품으로 나오잖아요. 이런 것들은 어떠한 기후에도 변동이 안 생겨요. 근데 이 목재는요. 나무를 딱 베면 죽었다고 봐야죠. 그런데 이런 죽은 나무도 생명력을 갖고 수축 활동을 해요. 그리고 나무에 따라서 태양을 보고 자라는 위치에 따라서 강질과 연질이 있어요. 늘 그늘 쪽에서만 있는 나무는 굉장히 단단해요. 그런데 이렇게 채광이 좋은 곳에서 자란 나무는 나무가 성장력이 빨라서 나무가 연해요. 그런데 이렇게 나무를 재단해 놓으면 가장 먼저 변질이 이 안에서 와요. 이쪽은 열이 바로 침투가 돼서 건조가 빨라요. 그럼 크랙이 나요. 그럼 이런 크랙 부분은 제품을 만들 수가 없잖아요. 나무에 손실이 가고 이처럼 옹이가 난 부분들은 제품을 만들 수가 없는 거죠. 그래서 이런 손

> 실된 부분들은 나중에 이런 부품들을 만들 때 조금씩 활용하는 거죠. 그래서 나무가 다루기가 굉장히 까다로워요. 지금 여기 이렇게 원목 하나가 서 있지 않습니까? 이건 대패로 깎아서 이렇게 매끄러운데……. 이런 큰 원목 같은 경우는 수분이 100 프로 들어있는 나무를 베어다가 적재해놓고 판재를 제재해요. 그런데 우리가 주문을 해서 제재한 나무를 가지고 와서 보면 이렇게 나무가 젖어 있어요. 그럼 이런 나무를 자연건조를 시켜요. 앞면, 뒷면 모두. 나무라는 것이 열을 가하면 조여들어요. 그럼 이쪽으로 이렇게 휘어요. 그럼 다시 돌려서 저쪽을 열을 받게 해서 건조시켜요. 그런 다음 대패로 깎아서 이렇게 세워놓았다가 주문이 들어오면 여기다 글씨를 써서 제품을 만드는 거죠.

진정성 장인의 말처럼 목재는 생각보다 다루기가 까다로운 재료였다. 앞서 목공 체험 현장에서도 나무를 관찰해 물줄기를 확인해 보는 장면이 있었다. 죽은 나무라 할지라도 수분을 머금고 수축 활동을 한다는 사실은 나무를 이해하는 데 있어 중요한 정보이기에 가장 먼저 전달해 주는 것이 아닌가 생각되었다.

장인은 나무를 보면 어떠한 환경에서 어떻게 자란 나무인지 한 번에 알아보았다. 장인의 손에 들어온 나무들은 이제 장인의 작업장에서 각자에게 필요한 케어를 받기 시작하는 것이었다. 건조가 어느 정도 진행된 나무는 그늘진 곳에 보금자리를 만들어주고 수분을 많이 머금고 있는 나무들은 작업장 밖에서 뜨거운 태양 빛을 조금 더 쐬게 된다. 나무를 잘 보관하는 것은 그만큼 손실을 줄일 수 있는 방법이기도 하다. 목공이 생업이기에 손실이 많을수록 장인에겐 소득이 줄어드는 일이다.

그렇기 때문에 나무를 보는 안목을 기르고 이를 활용하는 방법을 터득할 수밖에 없었을 것이다. 장인이 들려준 나무 활용법은 몇 문장의 짧은 내용이었지만 40년 넘게 목재를 다뤄오면서 귀동냥으로 들은 정보들과 자신이 목재를 다루면서 터득한 노하우들이 집약된 소중한 삶의 이야기였다. 그래서 책으로 공부하고 터득한 지식보다 더 자세하고 논리적이며 이해하기 쉽고 활용하기 쉬운 형태로 정리되어 표현할 수 있었던 것이다.

한편, 강인내 장인의 작업장에 새로운 목재인 사스나가 들어온 날, 목재배달원과 장인이 나눈 소소한 대화를 들으며 나무를 보는 장인의 안목이란 무엇인지, 목공 일을 함에 있어 그가 지키려고 한 원칙은 무엇이었는지 확인할 수 있었다. 다음에서는 배달원과 장인의 대화 상황 분석을 통해 이를 자세히 들여다보고자 한다.

<상황 1>

[그림 Ⅳ-5] 목재배달원과 장인의 대화 장면

장 인 : (배달온 나무를 보관장소에 세워두고 이를 가리키며) 이게 문짝 짜고 할 때 치수가 딱 맞길래 가져왔어요.

배달원 : 잘 생각하셨어요. (배달한 나무를 가리키며) 이게 지금 저 사스나하고 스트러스하고는 자라는 과정이 틀리잖아요.

장 인 : 틀리죠. 변형이 어떻게 가나 안 가나 모르겠어요.

배달원 : 안 가지.

장 인 : 하여튼 나무가 좋아서 내가 나무 서너 개만 있으면 되는데 열 개를 달라고 했어요.

배달원 : (옆에 있던 스트러스 나무를 가리키며) 이거는 그냥 일반 건축재에 쓰는 나무고. 이런 건 변형이 오잖아요. 뒤틀리잖아요.

장 인 : 뒤틀려요. 그래서 내가 맘 놓고 못 써서 가서 보고 사 온 거예요. 보니깐 나무가……. 뭐? 사쓰?

배달원 : 사스나.

장 인 : 사쓰날이요? 아이, 이름도 잘 모르겠어. (주문서를 가리키며) 여기

사쓰날이라고 올라와 있어요?

배달원 : (주문서를 보며) 여긴 그게 안 나와 있죠.

장　인 : (주문서를 넘겨보며) 뭐라고 나와 있나?

배달원 : (함께 주문서를 넘겨 찾아보며) 어, 사스나 나왔네.

장　인 : 사스나.

배달원 : 사스나.

<상황 1>은 사스나라는 새로운 목재가 배달되어 목재배달원과 장인이 이 나무를 두고 나누는 대화 장면이다. 장인은 주문받은 문짝을 짜기 위해 사스나라는 나무를 구입한 것이었는데, 목재상에서 이름도 모르는 이 나무의 품질에 반해 필요한 수량보다 많은 양의 목재를 구입한 상황이었다. 장인과 배달원은 기존에 가지고 있던 스트러스라는 나무를 두고 사스나와 비교하며 목재의 품질에 관해 자신들의 경험과 맥락을 공유하며 대화를 이어나가고 있었다.

위 대화 상황을 자세히 들여다보면 배달원도 목재에 대해 상당한 지식을 가지고 있음을 확인할 수 있다. 사스나라는 나무의 명칭을 알고 있고, 목재 보관장소에 세워져 있던 기존의 나무, 스트러스를 보며 사스나와 비교하는 장면이 이를 뒷받침하고 있다. [그림 Ⅳ-5]를 통해 육안으로 확인할 수 있는 스트러스와 사스나의 차이는 크지 않았다. 실제 현장에서 두 나무를 자세히 살펴보았음에도 불구하고 나무가 내뿜는 윤기의 차이 정도만 확인할 수 있었다. 그러나 배달원은 이 두 나무를 보자마자 목재의 명칭이 무엇인지, 어떻게 다른지를 알고 있었다. 목재를 수년간 접하면서 배달원 역시도 목재와 관련한 상당한 지식을 가지고 있었다.

물론 전문가들에게 지식은 필수불가결한 요소이다. 지식은 전문성의 가장 핵심요소이자, 전문성의 실체이다. 지식이 많다는 것이 반드시 전문성을 보장하지는 않지만, 지식이 부족한 사람에게 전문가란 호칭은 어불성설이다. 즉 지식은 전문성의 상호작용적 요소이고, 전문성에 요구되는 것 중 하나이지만 그 자체로는 전문성이 될 수 없다.

위 대화에서 언뜻보면 스트러스와 사스나의 차이에 대해 말하는 배달원이 더 전문적인 지식을 가지고 있는 것처럼 보일 수 있다. 그러나 이름도 모르는 이 나무를 보자마자 좋은 품질이라고 판단하고 주문한 장인의 안목에 주목해야 한다. 장인은 목재의 질감과 상태만을 보고 이 나무가 기존에 가지고 있던 스트러스와는 달리 변형이 적게 올 것임을 직감했다. 주문한 나무에 대한 어떠한 사전 지식을 가지고 이 목재를 선택한 것이 아니라 눈과 손에 의한 그의 감각과 직관력으로 이 나무가 좋은 나무임을 판단한 것이었다. 장인이 사스나를 보며 "변형이 어떻게 가나 안 가나 모르겠어요."라고 말한 것을 통해 이 나무에 대한 정확한 정보를 가지고 선택한 것이 아니라 나무의 상태만을 보고 판단한 것임을 예측할 수 있다.

<상황 2>

장 인 : 그저께 물건 찾아간 거 이런 거 함 보세요. (핸드폰 사진에서 해당 나무로 문짝을 짜서 찍어둔 사진을 찾아 보여주며) 이 문짝도 이걸로 짠 거예요. 이걸로, 급하니깐 이렇게. 한지 몇 장 붙여가지고. 그리고 섬에 가는 거 급하니깐 뭐, 나무 구하고 자시고 할 것 없이 그냥 짠 거야. (구정 나무를 가리키며) 이 나무로 짠 거야, 그냥. 그러다보니깐 (핸드폰 사진의 문짝을 가리키며) 요거보다는 지금 거(제작할 문짝)는 좀 더 커요, 크기가. 크다 보니깐 좀

변형이 올 것 같아서. 도저히 안 되겠다 해서 지금 나무……. 급하면 나무 저거 (스트러스 나무를 가리키며) 스트러스 저거 깎아서 문짝 만들어요. 만들어도 돼. 근데 영 나무가……. 저건 막 쓸 때나 써야지.

배달원 : 사장님이 지금 장인 정신이 있기 때문에 가격이 조금 비싸고 싸고를 떠나서 제품이 좋아야 되거든요.

장 인 : 맞아요, 맞아요.

배달원 : (하하하 웃으며 인사한다) 고맙습니다.

장 인 : 네, 들어가세요.

<상황 2>는 <상황 1>의 맥락을 바탕으로 사스나라는 좋은 목재를 구매하게 된 직접적인 이유를 밝히는 장면이다. 장인이 사스나로 제작할 물건은 문짝이다. 이전에 만든 문짝은 스트러스로 제작하였음에도 불구하고 이번에 만들 문짝에는 사스나를 사용하는 이유에 대해 장인이 자세히 설명하고 있는 상황이다.

<상황 2>는 이번에도 이전과 같은 문짝을 만드는 일이었음에도 불구하고 품질이 좋은 사스나를 구매한 이유를 드러내고 있다. 장인은 이야기를 꺼내기 전에 스트러스 나무로 문짝을 짠 사진을 핸드폰에서 찾아 배달원에게 보여준다. 목재의 명칭 및 차이점을 자세히 알고 있는 배달원과의 대화는 장인에게 자신의 분야에 대한 공감대를 형성하며 지식의 확장을 이끌어낼 수 있는 시간이었다. 장인이 보여준 사진은 이야기의 내용만으로 상상의 실체를 만들어내야 하는 배달원에게 그 실체를 구체화시켜 줌으로써 장인의 이야기에 공감할 수 있는 부분을 넓혀주고 몰입할 수 있게 만드는 장치 역할을 하였다. 더불어 스트러스라는 저렴한 나무로도 충분히 만들 수 있는 문짝을 왜 굳이 비싼 사스나를 구매하

여 제작하려고 하는가에 대한 자신의 논리를 뒷받침하는 자료가 되기도 하였다.

장인은 이번에 만들 문짝의 크기가 이전과는 달리 크다는 사실을 말한다. 문짝의 크기가 커진다는 것은 목재를 재단하여 쓸 수 있는 부분이 줄어듦을 의미한다. 즉 사용할 목재 자체의 성질이 그대로 드러날 가능성이 커진다는 것이다. 장인은 같은 물건을 만들어야 하는 상황이었지만 크기나 장소에 따라 그 나무가 어떻게 변형될 것인가를 예측하고 있었다. 장인과 배달원이 작업장에서 보고 있는 나무는 같은 나무였지만 이 나무를 바라보는 장인의 눈에는 그 나무의 과거와 미래가 공존하고 있었다. 오랜 세월 그가 나무를 만지며 체득한 실천적 지식은 그가 좋은 나무를 고를 수 있는 판단의 준거이자 상황에 따라 다른 나무를 선택하는 기준이 되기도 하였다.

3. 손이 가는 길

얼마 전 ○○소에서 나무로 만들어진 작은 서랍장 하나를 구입하였다. 밖에 나갔다 돌아오면 늘 식탁 위에 올려놓게 되는 신용카드와 열쇠 등을 담을 보관함이 필요해서였다. 삼천 원 가격의 이 서랍장은 겉으로 보기에는 아기자기한 장식품도 달려있었고, 모던한 느낌을 주기 위해 블랙과 화이트로 예쁘게 색도 칠해져 있었다. 그러나 서랍장을 가까이에서 살펴보면 마감도 매끄럽지 못하고 나무의 표면도 거칠었으며, 결정적으로 서랍이 잘 여닫아지지 않았다. 삼천 원이란 가격이 주는 품질에 대한 기대치가 있기에 뭘 더 바라나 싶어 불편함을 감수하고 사용하기로 하였다. 그러나 서랍이 잘 여닫아지지 않는다는 것은 서랍장으로써는 쓸모가 없음을 의미했다. 문을 열 때마다 불필요한 힘을 줘야 하고 그럴 때마다 얼굴에는 인상이 써지면서 기분마저 좋지 않았다. 며칠 사용하던 이 서랍장은 이젠 창고에 방치되었다.

우리는 물건을 살 때마다 기회비용을 생각한다. 가령, 같은 품질이면 가격이 저렴한 것을, 가격이 같으면 디자인이 좋은 것을 선택하여 잃어버릴 가치를 최소화하려고 노력한다. 그러나 물건을 선택한 순간, 잃어버린 기회비용에 대해서는 크게 생각하지 않는다. 어느새 선택한 물건에 길들여지는 우리를 발견할 때가 많다. ○○소에서 가격이 싸고 예쁘다는 이유로 구입한 서랍장은 생각보다 많은 기회비용을 잃게 만들었다. 가장 먼저 서랍장으로써의 쓰임새를 잃었고 불편함으로 인한 시간투자와 부정적 감정마저 만들어내었다.

순간 가격경쟁력을 맞추기 위해 선택한 많은 물건들이 우리의 일상을 회색빛으로 물들이고 있음을 발견하게 되었다. 저렴한 가격에 대충 만들어진 물건이기에 그 쓰임새도 대충이 되었다. 아끼고 소중히 다루는 것이 아니라 망가지면 버리고 새로 사면 된다는 식의 사고방식이 자리 잡게 되었다. 옛날 목공소에서 만들어 왔던 테이블은 세월이 흘러도 나무의 결이 살아있고 지나간 세월만큼이나 깊고 소중한 추억까지 담고 있지 않던가. 손으로 만든 물건이 우리에게 전해주었던 것은 무엇일까? 진정성 장인을 만난 날, 가장 궁금했던 이 질문을 먼저 꺼냈다.

연구자 : 요즘 기계가 많이 발달했는데, 굳이 수작업을 하시는 이유가 있나요?

진정성 : 목재를 수작업으로 하는 것은요. 정성이에요. 이거를 좀 너무 장사꾼 같은 돈에만 집중해서 빨리 만들어야겠다는 생각으로만 만들다 보면 일이 거칠어지는 거요. 이런 경우는 아주 소품이지만 모서리가 다 라운딩 되어 있잖아요. 이걸 잘못 오리다 보면 균형이 안 맞아요. 저같이 숙련기술자들은 이걸 무난히 해낼 수가 있죠. 초보자들을 만약 이걸 시키게 되면 오리긴 오리는데 이게 균형이 안 맞죠. 이런 모서리를 만져보면 매끈매끈. 이게 톱이 섰다 가면은 턱이 밸런스가 안 맞죠. 요즘은 컴퓨터가 있어서 우리 생활 속 여러 분야를 컴퓨터가 거의 다 흡수를 해나가요. 목재도 재단하고 조각하는 기계들이 CNC, 샌드브러쉬, 레이저가 있고. 그런데 이런 경우는 기계가 하기에는 적당하지 않은 두께이고 기계가 하기에는 적당하지 않은 품목이고 해서 손으로 하는 거죠. 이런 것까지 기계로 할 수 있다면 우리에게까지 주문이 안 오죠.

연구자 : 모든 공정이 기계로 많이 바뀌었잖아요. 이런 작업 같은 경우는 손이 아니면 기계로 찍어내기 힘들다고 하셨잖아요? 손으로 해야만 하는 일들, 손이 기계보다 정밀하게, 정성이 들어간 만큼 제품이나 이런 면에서 더 잘 나올 수 있는 뭔가가 있으니까 그런 거잖아요?

진정성 : 네. 기계는 할 수 있는 게 한정되어 있어요. 예전에는 현판을 만들 때 손수 붓글씨를 써서 했거든요. 그런데 컴퓨터가 나오면서부터 붓글씨를 소화 못하는 사람들은 컴퓨터를 응용해서 작업을 할 수 있어 편해졌죠. 또 컴퓨터로 나온 글씨는 대중적으로 인정을 해줘요. 입력되어 있는 정확성이 있으니깐. 그런

> 데 컴퓨터라는 것이 정확성이 있고 속도감은 있어도 융통성이 없어요. 입력된 것만 딱 이렇게 내보내기 때문에 특히 이런 글씨의 미에 대해서는 이렇게 키워놓고 보면 작은 글씨는 육안으로 느끼는 차이는 없는데 우리가 쓰는 현판 글씨는 20에 20인데 글씨를 키워놓고 보면은 글씨에 따라 큰 것은 크고 작은 것은 작고 이런 차이가 있거든요. 그러면 그런 것을 저 같은 경우에는 이 글자는 조금 키우고 이 글자는 조금 줄이고 그러죠. 컴퓨터를 응용하되, 손으로 글씨를 조금씩 고쳐 쓰고 그래요. 획이 좀 적은 건 제가 좀 늘려서 적고 가로획이 너무 두꺼운 경우에는 제가 연필로 이렇게 얇게 수정해서 사용하는 거죠. 컴퓨터는 변형이 없이 입력한대로 불러내서 나오는 거잖아요.

대부분의 물건이 기계로 만들어지고 있는 요즘, 수공업의 명맥을 이어가고 있는 목공장인에게서 손으로 만드는 것의 가치를 전해 들을 수 있었다. '손으로 만드는 것은 정성'이라고 표현한 데서 하나의 물건을 만들어내기까지 드는 시간과 노력의 무게를 느낄 수 있었다. 거칠어지지 않게 만들고 균형을 맞춰나가는 것, 이것이 바로 장인이 말한 정성일 것이다. 단순하게 표현한 말이지만, 이 말 속에는 가장 기본이 되고 중요한 것이 무엇인지 드러내 주고 있었다. 하나의 물건이 제 쓰임새에 맞게 잘 만들어지기 위해서는 균형을 맞춰 거칠어지지 않게 만들어야 한다는 것이었다. 가장 기본이 되는 것이지만 초보자와 숙달된 기술자의 능력 차이가 확연히 드러나는 부분이기도 하였다.

[그림 Ⅳ-6] 수작업을 통해 완성한 십자가 모양의 소품

진정성 장인은 십자가 모양의 소품을 보여주면서 라운딩 되어있는 부분들을 오리는 작업이 생각보다 쉽지 않음을 설명해 주었다. 기계가 자르기에는 적당하지 않은 두께고 품목이라 직접 만든다고 했지만 수작업으로 이를 자르기에도 까다로운 물건이었던 것이다. 지압용으로 제작한 이 소품의 경우는 쥐었을 때 느낌 또한 손에 딱 맞아야 했으며, 만졌을 때 표면이 매끄럽고 불편한 곳이 없어야 하는 물건이었다. 이러한 점들을 실제로 사람이 만져보고 쥐어보지 않는 한 어떻게 그 느낌들을 알고 수정해 나갈 수 있을까? 기존에 있는 모양이 아니고 새롭게 디자인한 모양이었기에 종교적 상징성을 담으면서도 손의 지압 역할까지 제대로 하기 위해서는 여러 차례의 시행착오를 겪을 수밖에 없었을 것이다. 이러한 과정들이 쌓여 원하는 것들을 모두 충족시키는 제품을 완성할 수 있었던 것이다.

[그림 Ⅳ-7] 컴퓨터로 출력한 글씨 위에 연필로 수정한 모습

장인은 또한 기계는 대중성과 정확성을 가지고 있지만 융통성이 부족하다는 점을 지적하였다. 즉, 상황의 변화에 따라 유연하게 변형해서 사용하기가 힘들다는 것이다. 실제로 현판 작업을 하기 위해 컴퓨터로 출력한 글씨는 육안으로 보기에도 전체적인 밸런스나 글씨 모양이 맞지 않았다. 컴퓨터 한글 프로그램을 이용해 글자 크기를 확대할 경우, 글자의 모든 면이 동일한 크기로 커지기에 균형이 맞지 않고 어색해 보였다. 이러한 점들을 보완하기 위해 장인은 자신의 손글씨 능력을 십분 발휘하여 글씨의 획과 두께를 수정해 나가면서 전체 글자의 균형을 맞춰나갔다.

이렇듯 손으로 정성스럽게 만든 물건들은 균형이 깨지지 않았다. 어느 한 곳 모난 곳 없이 만들어 불편함을 최소화하였고, 한쪽으로 치우침이 없어 오래 두고 보아도 변형이 적고 쉽게 싫증 나지 않는 것들이었다. 이것이 정성으로 만든 물건이 시간이 지날수록 그 가치를 발하는 이유가 아닐까?

지금부터는 장인의 정성이 어떠한 과정을 통해 드러나는지 살펴보고자 한다.

진정성 장인이 소품으로 보여준 물건은 종교단체에서 지압용으로 사용하기 위해 주문한 것으로 라운딩된 십자가 모양이었다. 일반적인 십자가 모양이 아닌 새롭게 디자인한 모양이었기에 틀을 만들어내지 않는 한 기계로 찍어낼 수 없는 물건이었다. 장인은 이 작은 소품을 오려내는 일도 정성이라고 말하며 실제로 그 과정을 보여주었다.

나무판에는 모서리가 라운딩된 십자가 모양이 여러 개 그려져 있었다. 소품을 자를 기계는 1cm 정도 너비의 톱이 위아래로 왔다 갔다 하며 나무를 자르는 스카시라는 기계였다. 장인은 전원을 켠 기계의 톱날을 향해 나무판을 밀어 넣기 시작하였다. 왼손은 나무판을 고정시키고 지탱하는 역할을 하고, 오른손으로는 자르는 방향을 맞춰주기 위해 돌리고 미는 역할을 하면서 나무판의 균형을 맞춰나갔다.

둥근 곡선 모양의 십자가를 자르기 위해 가장 먼저 톱날이 들어간 곳은 나무판의 정중앙이었다. 그것도 직선으로 톱날이 들어가는 것이 아닌 곡선으로 돌려 자를 지점을 향해 들어가고 있었다. 그림이 그려진 위치로 봤을 때 자르는 부분의 시작점은 그림과 가장 가까운 오른쪽 모서리가 되어야 최단 거리로 빨리 자를 수가 있었다. 그러나 진정성 장인은 최단 거리가 아닌 나무판의 가운데를 시작점으로 오른쪽 십자가 그림이 있는 위치까지 톱날을 대어 나갔다. 옆에서 지켜봤을 때는 너무나 자연스럽게 이루어진 동작들이었기에 특별한 의문점 없이 무심코 지나쳤던 장면이었다. 그러나 녹화된 영상을 계속 돌려보면서 그냥 지나쳐버릴 수 있는 이 행위에 특별한 이유가 있음을 알게 되었다.

[그림 Ⅳ-8] 나무판의 중간 지점부터 잘라 들어가는 모습

자를 소품인 이 십자가는 모서리가 둥근 곡선 모양으로, 나무판의 여러 곳에 위치를 잡고 그려져 있었다. 그중 가장 먼저 자를 십자가는 장인을 기준으로 왼쪽 상단에 위치하고 있었다. 장인은 나무판의 정중앙에 톱날을 대기 시작하였다. 그런 후 시계 반대 방향으로 곡선 모양을 그리며 나무판을 돌려 나갔다. 이후 180도를 회전한 나무판의 상단은 아래로 향하게 되었다. 자를 십자가의 위치가 장인의 몸과 조금 더 가까운 곳에 놓이게 된 것이었다. 이 상태에서 보면 자를 십자가의 모양은 나무판의 오른쪽에 위치하고 있는 셈이었다.

장인은 결과적으로 나무판의 하단 오른쪽에 있는 십자가를 자르기 위해 나무판을 돌려 자신과 가장 먼 곳이 되게 두었다. 그런 후 정중앙에 톱날을 대며 천천히 방향을 돌려 원래 위치로 올 수 있게 만들었다. 장인이 자를 십자가의 위치를 자신의 몸과 가장 먼 쪽에 두고 나무판의 중앙에서부터 톱날을 댄 이유는 무엇이었을까?

가장 큰 이유는 힘의 균형을 유지하기 위해서였다. 그림이 있는 오른쪽에 치우쳐 톱날을 대었을 경우 무게 중심이 오른쪽으로 쏠리게 된다. 그러나 오른손은 나무를 밀고 돌리면서 방향을 맞춰나가야 함으로 나무판을 고정시킬 수 있는 힘이 부족하다. 더욱이 자를 십자가의 모서리는 곡선 모양이다. 처음부터 턱이 지지 않게 자르기 위해서는 곡선 모양의 흐름을 타며 들어가야 한다. 이를 위해서는 자를 십자가의 위치를 최대한 멀게 두고 작업을 진행하는 것이 수월했던 것이다. 게다가 십자가는 하나가 아닌 여러 개였다. 십자가를 자르고 난 뒤 나무판의 모양이 한쪽으로 치우치게 되면 다음 작업을 하기 힘들어진다. 이러한 점들을 감안하여 장인이 선택한 시작점은 나무판의 중앙이 되었던 것이다. 즉, 장인의 행위는 지금 시점에 머물러 있는 것이 아닌 다음 행위를 예측하며 현재의 작업을 이어나가고 있었다.

한편, 스카시는 자를 때 고정된 상태를 유지하는 것이 아닌 상당히 많은 움직임이 동반되는 기계였다. 더욱이 위아래 한 방향으로만 움직이는 기계이므로 나무를 자를 때는 나무의 두께에 따른 톱날의 반동을 활용해야 했다. 아무리 이 일에 능숙한 기술자라 하더라고 작업을 시작함에 있어 처음부터 곡선을 매끄럽게 자르기란 쉽지 않은 일이었다. 장인 역시도 시작점에서부터 나무판에 톱날을 대어 가면서 나무의 두께에 따른 톱날의 세기, 속도, 반동 등을 느껴나가기 시작하였다. 이렇게 감(感)을 잡기 시작한 장인은 자를 십자가의 곡선 부분에 부드럽게 톱날을 가져다 놓았다. 톱이 들어가는 순간 장인의 양손에는 더욱 강한 힘이 쥐어졌다. 잡고 있던 손이 잠시라도 뜨게 되면 균형이 무너지면서 한쪽으로 나무판이 들리게 되었다. 이후 톱날은 위아래로 굉장히 빠른 속도로 움직이며 십자가 모양을 잘라내었다. 이 과정을 정리하면 <표 Ⅳ-1>과 같다.

<표 Ⅳ-1> 십자가 부품 자르기 과정

① 자를 십자가 모양의 위치를 확인한다.	② 나무판의 중앙에 톱날을 댄다.
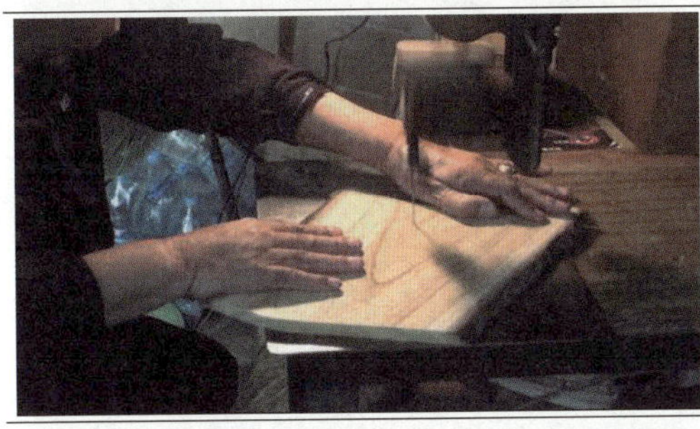	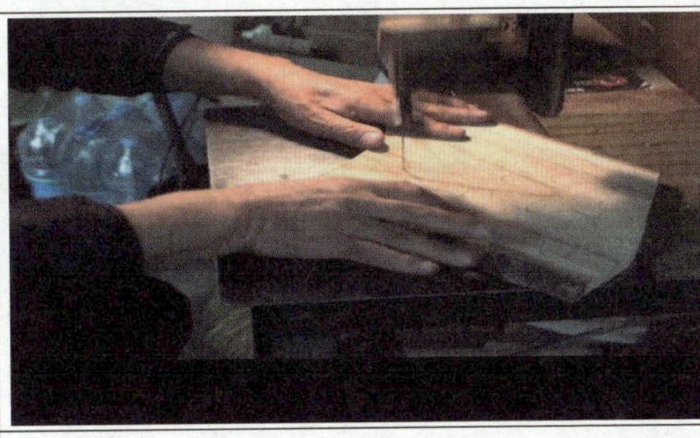
③ 나무판을 시계 반대 방향으로 돌려 나간다.	④ 나무판의 위쪽이 아래로 향하게 돌린다.
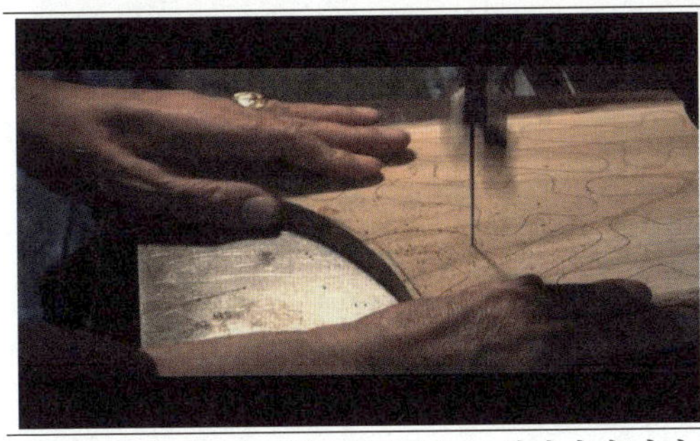	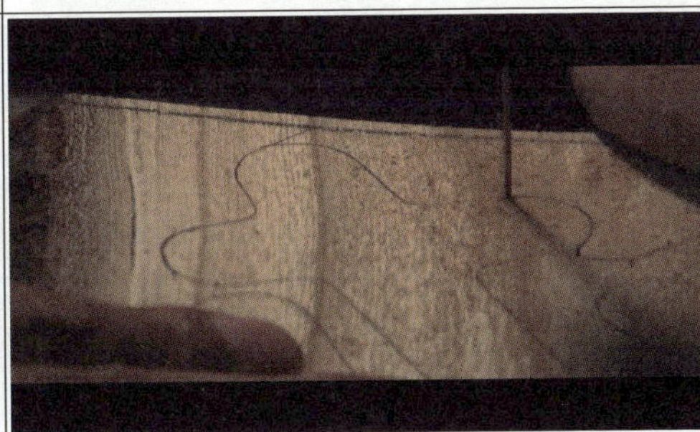
⑤ 톱날의 반동을 이용해 곡선으로 십자가에 다가간다.	⑥ 십자가의 둥근 모서리를 자르기 시작한다.

작업 과정 안에서 장인의 손은 톱날이 지나갈 방향으로 매끄럽게 나무판을 움직이는 것이 아니었다. 중간중간 톱이 갔던 자리를 다시 되돌아왔다가 앞으로 나가기를 반복하였다. 머리로 생각하기에는 그려진 십자가 모양대로 나무판을 돌려가면 될 것 같았는데 실제는 이와 너무나 달랐다. 겉으로 관찰된 자르는 행위 자체는 매끄럽게 진행되지 않는 듯 보였다. 오히려 자른 곳으로 되돌아왔다가 다시 앞으로 나가는 모습이 뭔가 잘못된 것처럼 보이기도 하였다. 그러나 그 행위에 있어 멈춤은 없었다. 이러한 작업 행위에 특별한 이유가 있는 것 같아 직접 물어보았다.

> 이게 어떤 정해진 기준점에 의해서 작업을 하는 것이 아니라 내 손의 감각으로 일을 하다보면 나무가 다 성질이 틀려요. 나무가 강하면 톱이 내가 오던 힘점에서 조금 이탈하려고 해요. 그럼 그걸 조금 틀어주기 위해서 그 자리에서 틀다 보면 굴곡이 생겨요. 내가 지나왔던 방향으로 약간 탄력을 받아서 그 라인을 타야 하기 때문에 톱이 약간 멈추면 그 뒷 라인을, 우리가 자동차가 구덩이에 빠지면 약간 뒤로 후진을 했다가 탄력을 받아 가듯이 그런 감각이라고 봐야죠. 이게 공식이 없고 느낌으로 하는 거예요. 이게 현대과학하고는 아주 동떨어진 작업이죠(진정성, 2017.10.20. 인터뷰 내용 중).

단순해 보였던 이 작업이 왜 초보자가 했을 경우 표면이 거칠어지고 균형이 맞지 않게 되는지 알게 되는 순간이었다. 이날 작업한 나무는 느티나무로 나무의 강도를 1~10까지로 나누었을 때 7 정도에 해당되는 매우 단단한 재질이었다. 오랜 세월 나무를 다루는 일을 해온 장인이었지만 자를 나무의 성질과 톱날과의 마찰을 한 순간에 맞춰 작업하기란 매우 어려운 일이었다. 다만 나무의 강도와 톱날의 세기, 손의 힘점 등을 오랜 시간 숙달된 경험으로 초보자보다는 빠른 시간 안에 찾고 이를 통해 작업의 균형을 맞춰나갈 수 있었던 것이다.

기계는 계속 움직였고, 십자가 소품도 순조롭게 잘려나갔다. 반쯤 잘랐을까. 갑자기 "툭"하는 큰 소리와 함께 톱이 부러져버렸다. 그러나 진정성 장인은 당황한 기색 없이 새로운 톱으로 다시 바꿔 끼웠다. 새로 교체된 톱은 다시 나무판을 힘차게 잘라나갔다. 이때도 새롭게 자를 부분이 아닌 잘린 부분부터 들어가 탄력을 받은 상태에서 잘라내기 시작하였다. 그리고 끝나는 부분에 있어서는 그곳에서 멈추는 것이 아니라 처음에 들어간 모서리까지 끝까지 잘라내었다. 끝나는 부분에서 갑자기 멈출 경우, 잘린 표면이 매끄럽지 않고 턱이 생길 수 있기 때문에 처음에 들어갔던 부분까지 연결해서 작업을 이어간 것이었다. 이렇게 작업을 마무리했음에도 불구하고 가장자리 부분에 약간의 턱이 생겼다. 장인은 이 부분까지도 매끄럽게 만들기 위해 톱날에 턱이 난 부분을 정교한 감각으로 다듬어 나갔다.

어찌 보면 정말 단순한 작업처럼 보였던 십자가 모양 오리기 작업이었다. 그러나 이를 자세히 들여다보니 진정성 장인의 말처럼 어디 하나 수월할 게 없는 일이었다. 온몸의 신경과 근육을 집중해서 사용해야 하는 작업이었고, 사용하는 기계와 나무의 성질, 원리를 모두 간파하고 있어야 했으며, 오랜 시간 숙련된 경험으로 만들어진 자신만의 '감(感)'으로 방향과 힘을 조절해 나가야 하는 일이었다. 이 소품을 자르기 위해 틀을 제작하여 기계로 순식간에 잘라냈다면 어땠을까? 아마도 여러 군데 턱이 생겨 잘린 표면이 매끄럽지 않았을 것이다. 같은 나무라고 할지라도 각 부분마다 강도와 결이 다르기에 일정한 세기와 방향으로 톱날이 가더라도 거친 표면이 생길 수밖에 없었을 것이다. 이것이 바로 장인의 손이 필요한 이유일 것이다. 장인은 손의 감각으로 기계가 할 수 없는, 기계가 놓친 부분들을 채워나갈 수 있으며 문제 상황이 발생하더라도 그 상황에 맞게 융통성을 발휘하여 문제를 즉각적으로 해결할 수 있었다.

목공 일에서는 아주 쉬운 작업에 속하는 십자가 부품 오리기였지만 이 안에서도 장인은 자르는 기계를 능숙하게 다루는 것은 물론 자신의 신체까지도 도구의 연장으로 활용하여 일의 흐름을 매끄럽게 이어나가고 있었다. 하나의 작업이 순조롭게 진행되기 위해서 그 작업을 중심으로 집중되어야 하는 많은 요소들이 있었다. 그 많은 요소들을 하나로 이어주는 것이 바로 장인이었다. 그의 손과 눈은 움직이는 톱날과 균형을 맞춰 움직였고 손의 감각과 눈이 마주한 곳에서 다음 행위를 위한 그의 판단이 만들어지고 있었다. 이러한 행위 방식을 관찰하는 것은 작업하는 사람의 생각을 엿볼 수 있는 또 하나의 방법이기도 했다.

4. 일상 퍼즐

일반적으로 한 가지 기능이 발달하기 위해서는 수없이 많은 반복 작업을 필요로 하게 된다. 반복이라는 것이 같은 동작을 능숙해질 때까지 수차례 하는 것이지만 그 과정을 잘 살펴보면 실제로는 조금씩 차이가 있음을 알 수 있다. 즉, 반복된 동작을 수행하면서 우리의 손과 눈, 머리가 그 동작에 집중되어 계속된 교정 작업을 수행해나감을 확인할 수 있다. 이렇듯 그 이전의 수행 행위는 다음 행위를 위한 객관화된 척도가 되어 좀 더 나은 작업이 가능해지도록 하며, 이러한 과정이 지루함을 벗어나 문제점을 점검하고 생각할 수 있는 토대를 만들어준다.

목공에 있어 가장 기초적이면서 중요한 작업은 자르는 일, 재단 작업이다. 어떤 물건을 만들든 간에 그 물건에 맞게 나무를 자르는 일부터 시작됨을 확인할 수 있었다. 어린아이들도 가위질을 배울 때 가로, 세로 자르기가 익숙해지면 동그라미를 오리기 시작한다. 즉, 각도 변화가 많고 균형 잡기가 힘든 도형일수록 가위질하기가 어렵기 때문에 이러한 과정에 익숙해지는 순서로 가위질 배우는 과정이 이뤄진다.

숙달된 기술자들의 일하는 방식을 엿보고자 50년 목공 경력의 강인내 장인을 찾아가 작업하는 모습을 관찰했다. 무엇을 만드는 일인지는 몰라도 나무 목판을 동일한 간격으로 자르는 일을 반복적으로 하고 있었다. 목판 하나를 자르고 나면 그 목판이 다음 목판의 크기를 결정하는 척도가 되어 줄자를 대신하고 있었다. 한 손으로는 머리에 꽂은 연필을 수시로 집어 들어 목판에 크기를 표시해 두었고, 다른 한 손으로는 전동톱날이 돌아가는 상판 위로 자를 목판을 밀어내며 아주 빠른 속도로 처음에 자른 것과 동일한 크기의 목판으로 잘라내기를 반복하였다. 이후 이렇게 자른 목판에 세 개의 중심점을 찍어 동그랗게 구멍을 내기 시작하였다.

이 또한 처음에 자를 목판에만 신중하게 줄자로 크기를 재어 연필로 표시해 두고 자를 기계를 나무 목판의 중심점에 대어 보는 절차를 통해 정확도를 높여나갔다. 두 번째 작업부터는 처음에 작업한 것을 토대로 중심점을 체크한 한 다음 바로 기계로 자르는 동작을 반복하였다. 나무의 두께가 있어 한 번에 잘리는 않는다는 점을 감안하여 기계를 한번 돌려 자른 다음 목판을 뒤집어 중심점에 기계를 대고 다시 한번 돌려주면 매끄럽게 동그란 구멍이 뚫려 나갔다. 단순한 작업처럼 보였지만 어떤 완성품을 만들기 이전에 꼭 필요한 부품들을 먼저 만들어 놓기 위한 과정이었으며, 이러한 과정을 수행하는 데도 나름의 효율적인 방식이 있었다.

먼저 같은 일을 묶어 반복적으로 수행하는 것이었다. 같은 크기의 목재로 자르는 일이 뭐 그리 어려울까 싶지만 실제로 해보면 사이즈를 똑같이 맞추는 일도 헷갈리고 더디게 진행될 수 있다. 처음에 줄자로 재고 다시 한번 사이즈를 체크해서 전동톱으로 자르고 나면 하나의 행위가 마무리되는 것인데, 이렇게 마무리된 한 동작이 다음에 수행할 행위의 기준점이 되고 바탕이 되어 일을 좀 더 수월하고 능률적으로 할 수 있게 도와준다. 즉 반복적 행위를 통해 일에 리듬이라는 것이 생기는 것이다. 리듬은 일에 몰입할 수 있게 해주고 지루함을 덜어주는 중요한 요인이다.

[그림 Ⅳ-9] 동일한 작업 단위로 묶어 진행된 재단 작업

Sennett(2008)에 따르면 숙달된 장인은 그의 손과 눈을 쓸 때 리듬을 탄다. 리듬에는 강약과 템포라는 두 가지 요소가 있는데, 이 두 요소가 집중할 수 있는 시간을 연장해 주고 그 연장된 시간이 많으면 많을수록 완성품에 도달할 수 있는 가능성이 커진다. 그에 따르면 눈은 쉴 새

없이 손동작을 지켜보고 판단하면서 동작을 조절해 손을 훈련시키는데, 이런 지속적인 과정을 통해 템포를 만든다고 보았다. 작업자의 의식은 그가 보는 것에 초점이 맞춰져 있고, 몸에 익어버린 손동작은 바로 그 다음 단계를 앞당겨 보는 행위에 통합돼 있다는 것이다.

어떠한 행위가, 기술이 몸에 익어 굳이 이렇게 해야지, 저렇게 해야지 생각하지 않더라도 자연스럽게 손은 손에 익은 일을 하고 있고 눈은 그 행위를 바라보고 있으며, 이렇게 바라보면서 드는 생각, 사고들이 다시금 손에 반영되어 변형된 형태의 행위를 하고 있었다(Gherardi, 2012). 그 변형은 머물러 있는 것이 아닌 발전된 형태의 변형으로, 반복을 통해 기술이 는다는 것은 이 때문일 것이다. 목공장인의 작업 형태 역시 이러한 과정들이 너무나 자연스럽게 녹아들어 있었다. 더욱이 동그란 구멍을 뚫기 위해 목판의 두께만큼 자르는 기계를 돌리는 시간을 늘리면 되는데 굳이 목판을 뒤집어 같은 자리에 톱날을 돌리는 행위는 오랜 시간 이 작업을 하면서 문제시되었던 점들을 해결하기 위한 장인만의 해결방안이었을 것이다. 즉 한 번에 목판을 자르는 것보다 반쯤 잘린 목판을 뒤집어 같은 중심점에 톱날을 대고 자르는 것이 오히려 시간을 절약할 수 있으며, 양쪽으로 같은 힘을 받음으로써 잘린 표면이 매끄러워지는 효과도 있었던 것이다. 또한 손이 멈추고 있는 시간이 짧아짐에 따라 일의 템포에 변형이 가해짐으로써 리듬을 형성하는 데 용이한 역할을 했던 것이다.

한편, 작업장에서의 일이라는 것이 반복된 행위만큼이나 루틴(routine)하게 진행되는 것만은 아니었다. 매일 같은 작업을 하는 것처럼 보이지만 그 속에서는 예측할 수 없는 다양한 상황이 연출되었다. 주어진 재료와 작업 시간이 불충분하고 작업 과정 중 발생하는 돌발상황 등에 장인은 어떻게 대처해 나가는 것인지 확인해 보고자 한다.

관찰을 시작한 날, 작업할 간판의 개수는 모두 세 개였다. 작은 사이즈의 간판 하나와 큰 사이즈의 대형 목간판 두 개가 그것이었다. 먼저 주문받은 간판의 사이즈, 글자체, 글자 배열 등 간판 작업에 필요한 기본적인 내용들을 메모하고 스케치한 노트를 다시 한번 확인했다. 다음으로 간판 작업에 필요한 목재를 선택했다. 간판 작업은 조각칼로 글자를 파내야 하는 작업이기에 재질이 무른 나무가 적당했다. 그러나 작업장에는 작은 간판에 적합한 무른 나무 하나밖에 없었다. 장인은 작업 기한을 맞춰야 하기에 새로 목재를 주문할 여유가 없었다. 그래서 단단한 재질의 큰 목재를 어쩔 수 없이 사용하기로 했다. 단단한 재질의 목재는 조각칼로 글씨를 파내기에 힘이 많이 들고 까다롭다. 하지만 이 또한 불가능한 일은 아니므로 현재의 상황에 맞춰 단단한 목재를 간판 재료로 쓰기로 결정했다.

문제 상황은 여기서 끝나지 않았다. 원래는 간판의 글씨도 손글씨로 하나하나 스케치하고 파내려가야 하지만, 시간과 가격 수지를 맞추기 위해 인터넷으로 뽑은 글씨를 사용했다. 그런데 인터넷으로 뽑은 글씨체의 경우 확대해서 출력하면 글씨 모양이 매끄럽지 않고 글씨 비율이 맞지 않아 보기에 어색한 경우가 많다. 이날 출력해 온 글씨가 그러한 경우에 해당되었다. 강인내 장인은 시간이 더 있었더라면 이러한 부분을 수정해서 다시 뽑았을 텐데, 시간적 여유가 없어 어쩔 수 없다면서 만족스럽지 않은 글씨체를 그대로 사용하였다. 글씨의 매끄럽지 못한 부분은 조각칼로 파면서 즉각적으로 매끄럽게 수정해 가면서 부족한 부분을 보완해 나갔다. 아직 파지 못한 글자 중 같은 글자가 있는 것도 놓치지 않고 확인한 다음, 조금 전 파낸 글씨와 동일한 모양이 되도록 연필로 새로 스케치해 놓았다. 또한 글자 크기의 비율이 맞지 않아 어색한 부분들도 연필로 다시 스케치하는 등 작업 중 끊임없이 수정 작업을 병행해 나갔다.

이처럼 목간판을 만들어나가는 상황에 있어 생각하지 못한 변수들이 계속해서 등장했다. 이론대로라면 목간판에 적당한 무른 재질의 나무가 있고, 손글씨를 새기고 파낼 시간적 여유와 이에 상응하는 대가가 지불되어 만족스러운 결과물이 탄생해야 한다. 그러나 현실은 이와 전혀 다른 상황이었다. 여기서 숙달된 기술자로서의 역량이 발휘되어야 한다. 주어진 상황을 잘 조율하여 최선의 결과물을 만들어내는 것, 그것이 장인이 해결해야 할 문제였다. 더 중요한 것, 최소한으로 지켜야 할 것들을 규정하고 그 안에서 수용 가능한 정도의 변용을 받아들이는 것이다. 장인은 약속된 시간을 지켜야 하고, 책정된 비용 안에서 용인 가능한 퀄리티를 보여주면 된다. 50년간 목재를 다루어 오면서 쌓인 자신만의 노하우로 재질이 다른 목재를 활용하는 것, 컴퓨터 글씨를 손글씨와 비슷한 글자체로 구현해 내는 것 등은 얼마든지 자신의 역량 안에서 실천 가능한 일들이었다. 이렇게 다양한 상황에 유연하게 대처해 나가기 위해서는 그만큼의 다양한 경험이 밑바탕이 되어야 하며, 이러한 경험 안에서 상황이라는 변수를 자신이 수용 가능한 틀로 맥락 지을 수 있을 것이다(조현영, 손민호, 2017).

그렇다면 상황에 대한 적절한 조율만으로 문제가 해결된 것인가? 필자가 관찰한 강인내 장인의 목간판 제작과정은 다음과 같았다. 먼저 작업할 나무는 사포 기계에 넣어 거친 표면을 1차적으로 다듬은 후, 다시 일일이 사포로 문질러 표면을 매끄럽게 하는 전처리 작업을 해둔다. 그런 뒤 코팅 작업으로 칠을 한두 번 해 두는데, 이렇게 하면 기름칠을 해

놓은 것처럼 칼이 좀 더 잘 든다고 한다. 이미 알려진 사실 같아 보이지만, 사실은 50년간 나무를 다루면서 터득한 노하우였다. 목간판에 새길 글자는 컴퓨터로 출력해 두었는데, 나무판 위에 직접 글자를 그려 넣지 않고 출력된 종이를 그대로 붙인 채 종이와 함께 글자를 파내기 시작하였다. 종이를 붙인 채 글자를 파내는 것에 특별한 이유가 있는지 물어보니, 출력된 종이는 한번 쓰고 버릴 용도이므로 주문 시간을 맞추기 위해 나무판에 글자를 그대로 옮기는 작업을 생략하기 위해서라고 하였다.

실제로 작업현장을 살펴보니 종이를 붙인 채 글자를 파내는 것이 오히려 나무판에 직접 글자를 그려 파내는 것보다 어려웠다. 처음의 시도는 주문 시간을 맞추기 위한 작업 과정의 생략이었지만, 종이를 붙인 채 작업하는 일이 반복되고, 이 상황의 익숙함이 작업의 능숙함으로 이어지면서 오히려 종이가 가진 물질의 성질을 이용해 글자를 파내는 방법까지 터득하게 되었음을 확인할 수 있었다. 종이의 성질마저 손끝으로 느끼며 작업할 수 있는 경지에 이르렀기 때문에 가능한 결과일 것이다.

글자를 파낼 때는 조각칼을 잡은 손에 힘을 주되 다른 한 손으로는 조각칼을 받쳐 칼날이 밖으로 벗어나지 못하도록 하면서 힘을 가하고, 글자의 방향을 바꿀 때는 힘을 분산시키면서 작업에 임하고 있었다. 또한 글자의 모서리와 모서리가 만나는 부분이 매끄럽게 이어지도록 칼날이 어디에서 멈춰야 할지를 온몸으로 느끼며, 글자의 깊이, 모양 등을 고려하여 힘의 강약을 조절하고 있었다. 힘의 강약을 조절한다는 것은 말처럼 쉬운 일이 아닐 것이다. 보기에는 너무 쉬워 보이는 작업이라 초보자의 경우 같은 작업을 하면 어떠한 일이 일어나는지 물어보았다. 장인의 대답 역시 힘을 조절하기 어려워 글자를 벗어나는 경우가 많다고 했다.

강인내 장인에 따르면, 글씨를 조각한 간판은 코팅 작업을 해두는데 글자에 색을 칠하기 전에 코팅 작업을 해둬야 번지지 않는다고 했다. 이것은 나무마다 제각각의 결이 있기 때문이며, 표면을 매끄럽게 해서 윤택을 내기 위해서라고 하였다. 칠은 최소한 세, 네 번 해야 하며 마감칠이라고 해서 마지막에 한 번 더 칠을 해야 하는데 이렇게 총 다섯 번의 칠을 해야 가장 매끄러운 상태가 된다고 했다. 다섯 번이라는 최적의 칠 횟수를 알아내기까지 얼마나 많은 시행착오를 겪었을지 감히 짐작하기 어려웠다.

나무 표면의 매끄러움 정도, 조각칼을 사용할 때 힘의 강약 조절 등을 측정 가능한 어떠한 수치로 표현하기는 힘들 것이다. 칠하는 작업 역시 두 번, 다섯 번이라는 횟수를 사용하였지만 코팅제를 붓에 얼마만큼 묻혀야 하는지, 붓칠은 몇 번 정도가 적당한지 등을 설명해 내기에는 부족한 정보이다. 따라서 장인이 보여준 일의 능숙함, 작품의 높은 완성도 구현은 오랜 시간 다양한 경험을 통해 몸에 체화된 표준을 실천한 것인데, 이것이 바로 전문가로서의 감(感)이 작용한 사례일 것이다.

전문가에게 필요한 조건으로 Schon(1983)은 행위 중 성찰에 관해 언급한 바 있다. 그에 따르면 전문가는 행위 중 성찰을 통해 자신의 문제를 수정해 나가고 해결방법 또한 수시로 변경해 나감으로써 가장 적절한 해결책을 도출한다. 예상치 못한 상황적 변수 앞에서 흔들리지 않기 위해서는 수행 과정 중에도 끊임없는 성찰을 통해 문제를 재확인하고 그에 적절한 해결방안을 마련해서 대처해야 한다는 것이다. 이전과 다른 상황, 독특한 성격을 지닌 현상들과 마주했을 때, 낯선 것을 낯선 것 자체로 두지 않고 익숙함이라는 정서 속에서 새로운 행위에 대한 유연성을 발휘할 여지를 주는 것, 이러한 유연성이 늘어나면 날수록 자신만의 상황 변화를 조율할 수 있는 감(感)이 생기고, 이 감(感)은 자신이 다룰 수 있는 수준으로 작업을 끌어올 수 있음을 의미한다. 상황과의 성찰적 대화는 문제해결을 위한 감(感)을 습득하고 키워나가기 위해 필요한 태도이며 전략이라고 말할 수 있을 것이다.

5. 상상 그림

숭의동 목공장인은 목공 제품을 만들어 파는 상인이다. 고객이 원하는 물건을 주문받아 그들의 요구에 맞게 제작한 다음, 적정한 가격을 받고 판매한다. 목공장인에게 들어오는 주문은 대부분 시중에 판매하는 제품이 없거나 구하기 힘든 물건들이다. 최근 자신만의 취향과 라이프스타일(life style)을 반영한 맞춤형 가구나 제품이 유행하면서 이러한 소비층의 주문이 끊임없이 이어지고 있는 추세이다. 특히, 자연친화적 소재에 대한 관심이 커지면서 목재로 만든 물건을 찾는 사람들이 늘어났다. 우리의 손이 자주 닿는 물건들을 좋은 소재로 자신의 취향에 맞게 만들어 사용하는 데서 삶의 가치를 찾고자 하는 것이다.

새로운 물건을 주문받기 위해서는 정확한 설계도가 필요하다. 설계도라고 해서 거창한 개념의 것이 아니다. 고객이 직접 제작할 물건을 그린 그림을 그대로 설계도로 사용할 수도 있고, 말로 설명해 주는 내용을 바탕으로 장인이 그린 그림이 설계도가 되기도 한다. 설계도에는 제작할 물건의 모양과 크기를 나타내는 치수, 특별한 요구사항이나 주의해서 제작해야 할 부분들에 대한 메모 등이 적혀 있다. 그림만으로 표현이 힘들 경우, 사진을 첨부해 내용을 공유하기도 한다.

[그림 Ⅳ-11]은 안내데스크 제작을 위해 고객이 직접 가지고 온 사진이다. 고객은 자신이 원하는 안내데스크와 가장 비슷한 모양의 사진을 가져와 목공장인에게 내밀었다. 원하는 모양을 설명하기 위해 이미지화된 그림이나 사진을 보여주는 것은 말로 표현해야 할 수고를 상당 부분 덜어주는 좋은 자료가 되었다. 사진에는 고객이 원하는 모양을 만들기 위한 주문사항도 여기저기 적혀 있었다. 첫 번째는 안내데스크 테이블 위 선반을 "탈부착이 가능하게" 만들되 "밀리지 않게 무겁게" 만들어 달라는 것이었다. 두 번째는 안내데스크 '다리를 없애 달라'는 게 고객의 요구사항이었다. 그리고 세 번째와 네 번째는 테이블 선반의 높이와 안내데스크 하부의 높이를 각각 "150, 1000"으로 만들어 달라는 것이었다.

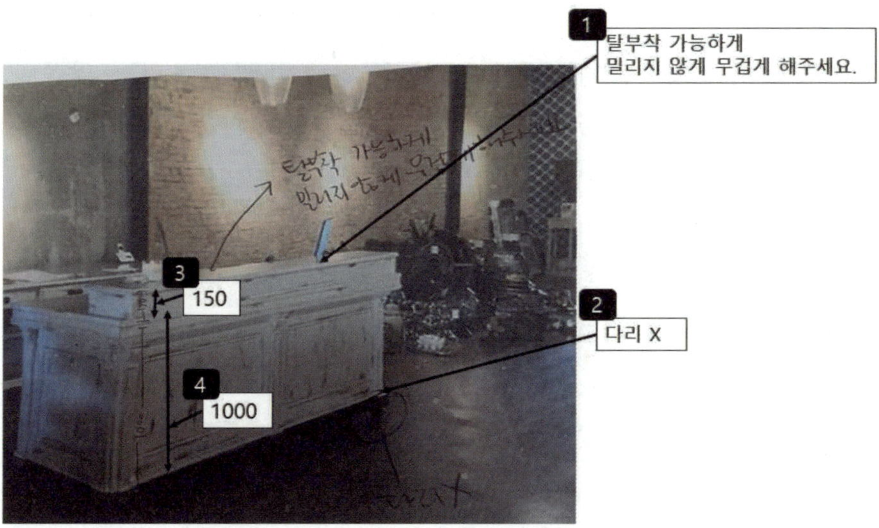

[그림 Ⅳ-11] 주문자가 가지고 온 안내데스크 사진

장인은 이 한 장의 사진을 통해 고객의 생각을 읽어내야 한다. 고객의 입장에서 보면 자신이 만들 안내데스크의 모양이 머릿속에 어느 정도 그려져 있는 상태일 것이다. 그래서 자신이 생각하는 안내데스크의 모양과 가장 비슷하다고 여겨지는 사진을 찾아 이미지로 보여주는 것만으로도 자세한 내용을 전달했다고 생각할 수 있다. 그러나 이 사진을 다시 한번 자세히 살펴보면 그 어떤 것도 명확하지 않음을 알 수 있다.

우선, 안내데스크의 가로와 세로 길이에 대한 정보가 없다. 사진 속 그림의 크기와 실제로 만들 안내데스크의 크기는 동일한 것이 아님을 인지하고 있다 하더라고 대략적인 크기가 어느 정도인지에 대한 정보조차 담겨있지 않다. 또한 사진은 안내데스크의 바깥 부분에 대한 이미지 정보만 보여줄 뿐 안쪽 부분이 어떠한 형태로 만들어져야 하는지에 대한 정보는 전혀 나와 있지 않았다.

고객이 "탈부착 가능하게"라고 써 놓은 이 메모의 의미도 모호하다. 선반을 안내데스크 테이블 위에 올려두는 형태가 될 수도 있고, 양쪽 모서리에 홈을 파서 선반을 끼우는 형태로 탈부착이 가능하게 만들 수도 있는 문제이다. '밀리지 않게 무겁게'라는 말에서도 밀리지 않는다는 것과 무겁다는 것이 어느 정도인지 정확하지 않다. 사람마다 제각기 다른 기준을 적용했을 때 모두 다른 결과물을 만들어 낼 수 있는 상황인 것이다.

두 번째, '다리를 없애 달라'는 고객의 요구사항도 마찬가지이다. 사진에는 바퀴를 단 네 개의 다리가 있다. 주문자는 이 부분을 동그라미로 표시해 "다리 ×"라고 적어두었다. '다리를 없애 달라'는 것도 주문자의 메모를 좀 더 자세히 풀어쓴 것이다. 이 메모를 통해 사진에 있는 바퀴만 없애면 되는 것인지, 바닥을 평평하게 하되 네 개의 모서리에 약간의 턱을 만들어도 상관이 없는 것인지 확실하지가 않다.

세 번째, 선반의 높이 부분에 해당되는 지점을 화살표로 표시해 "150"이라고 메모해 두었는데, 여기에 길이를 나타내는 단위가 빠져 있다. 네 번째 안내데스크 하부의 높이를 나타내는 부분에도 "1000"이라고만 적혀 있을 뿐 센티미터인지 밀리미터인지 그 크기를 짐작하기 어려운 상황이다.

장인은 고객이 가지고 온 이 사진을 보고 질문하기 시작했다. 가장 먼저 어디에 쓸 용도인지 물어보았다. 그리고 "150, 1000"이라고 표시해 둔 숫자의 단위가 무엇이며, 가로, 세로의 길이는 얼마이고 색상은 흰색으로 할 것인지 등을 물어보며 정보를 넓혀가기 시작했다. 다리를 없애달라는 것에 대해서는 재차 물어보지 않았다. 다만 '탈부착 가능하게'라는 것이 어떤 것을 의미하는지에 대해서만 자세히 물어보기 시작했다. 그리고 안내데스크의 내부 모양에 대한 것으로 화제를 전환해 자신이 기존에 만들던 안내데스크 형태를 기준 삼아 질문하기 시작했다.

안내데스크는 일반적으로 그곳의 상황을 잘 모르는 고객을 대상으로 자세한 정보를 알려주거나 병원이나 호텔과 같은 곳에서는 접수를 받는 역할을 한다. 따라서 고객과의 소통에 필요한 정보지나 기록지가 구비되어 있는 곳이다. 장인은 다년간의 경험을 통해 안내데스크에 서랍장이 있어야 업무를 보기 편리하다는 사실을 알고 있었다. 그래서 주문자에게 안내데스크의 안쪽에는 서랍을 만들 것인지, 서랍을 만든다면 어느 정도 크기로 몇 개나 만들 것인지 등을 자세히 물어보기 시작했다.

장인의 질문 내용은 주로 주문자가 가지고 온 사진에 빠져 있거나 모호한 정보, 즉 물건이 쓰일 용도와 사이즈, 색상, 내부 형태 등을 중심으로 이루어져 있었다. 또한 전체적인 크기와 모양에 관한 것에서 내부 형태와 모서리의 무늬 등 세부적인 것으로 질문의 범위를 넓혀가는 것을 확인할 수 있었다. [그림 Ⅳ-12]은 장인이 질문을 통해 모호함이 어느 정도 구체화된 후 새롭게 그린 설계도이다.

주문자가 가지고 온 사진과 달리 [그림 Ⅳ-12]는 안내데스크의 내부를 중심으로 그려져 있는 것을 확인해 볼 수 있다. 테이블 아래에 세 칸의 서랍이 있고 가운데 홈을 중심으로 좌우에 또다시 5개의 서랍장이 있다. 안내데스크 테이블 위에는 4개의 홈을 그려 넣었는데 선반을 끼웠다 뺐다 할 수 있게 만들기 위해서였다. 이것은 고객과의 대화를 통해 결정된 형태였다. 앞서 '탈부착 가능하게'라는 말의 의미에 고객은 때로는 선반을 빼고 쓸 수 있게 만들어 달라고 하였다. 이에 장인은 홈을 파서 선반을 끼우는 형태로 설계도에 그려 넣은 것이었다. 이 외에 설계도에는 서랍장의 길이를 나타내는 수치 정도만 기재되어 있을 뿐이다.

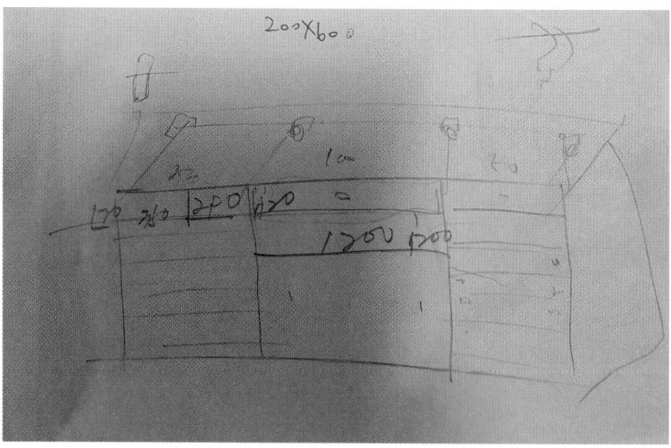

[그림 Ⅳ-12] 장인이 질문을 통해 그린 안내데스크의 내부 그림

설계도를 그려 고객에게 보여주며 장인은 다시 질문을 이어나갔다. 모서리의 디자인이나 무늬와 같은 세부적인 부분의 모양은 어떻게 제작

할지에 관한 것이었다. 고민하는 고객을 보며 장인은 자신이 예전에 만들었던 무늬를 핸드폰 사진에서 찾아 샘플로 보여주었다. 고객의 표정을 살핀 장인은 자신이 만들었던 다른 무늬들도 찾아 보여주기 시작하였다. 여러 장의 사진을 본 고객은 그 중 마음에 드는 사진 하나를 골랐다. 그 사진은 장인과 고객이 모두 합의한 또 다른 설계도가 되었다.

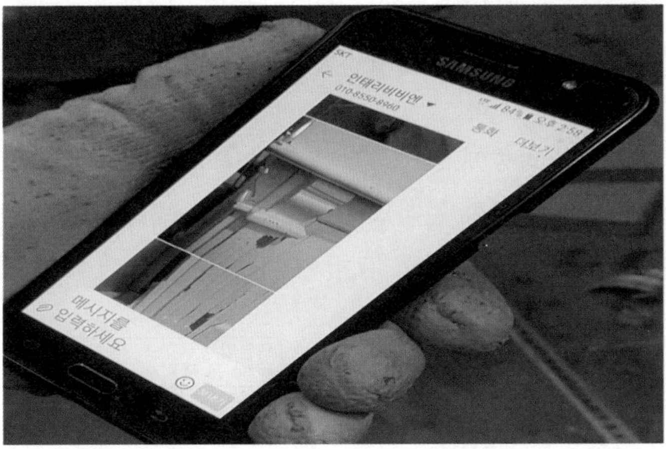

[그림 Ⅳ-13] 안내데스크 모서리 무늬 제작을 위한 관련 사진 공유

안내데스크 제작을 위한 주문과정을 자세히 들여다보면 장인은 고객이 제시한 정보를 바탕으로 부족하거나 모호한 부분들을 자신의 경험 안에서 끄집어내어 질문하기 형태로 제시하고 있음을 확인할 수 있었다. 주문자는 장인의 질문을 들으며 자신이 미처 생각하지 못한 부분에 대해 새롭게 고민하고 답을 찾기 시작하였다. 무심한 듯 던지는 장인의 질문은 주문자가 원하는 물건의 형태와 용도로 쓰일 수 있도록 이끌어가는 역할을 하였다. 주문자가 제시한 사진만으로 이와 유사한 형태의

안내데스크를 제작해 줄 수도 있겠지만 서랍장을 새롭게 만들어 넣었던 장인에게서 물건의 쓰임을 먼저 생각하는 모습을 발견할 수 있었다. 장인은 만들 물건이 제 용도에 맞게 만들어져 유용하게 사용될 때 고객의 만족감이 커진다는 사실을 알고 있었다.

> 완성된 물건을 보고 오히려 고객이 고맙다고 말할 때가 많아요. 그럴 때 보람이 있죠. 돈을 받고 파는 내가 고마운데 만든 물건을 보고 만족스러워 그렇게 말할 때 기쁘죠(강인내, 2018. 4. 20. 인터뷰 내용 중).

인테리어 관련 업종에 종사하거나 목공을 조금 다룰 줄 아는 주문자의 경우에는 자신이 직접 설계도를 작성해서 오는 경우도 있었다. 이러한 경우에는 주문자가 그려온 그림이 바로 주문서가 되는 것이었다.

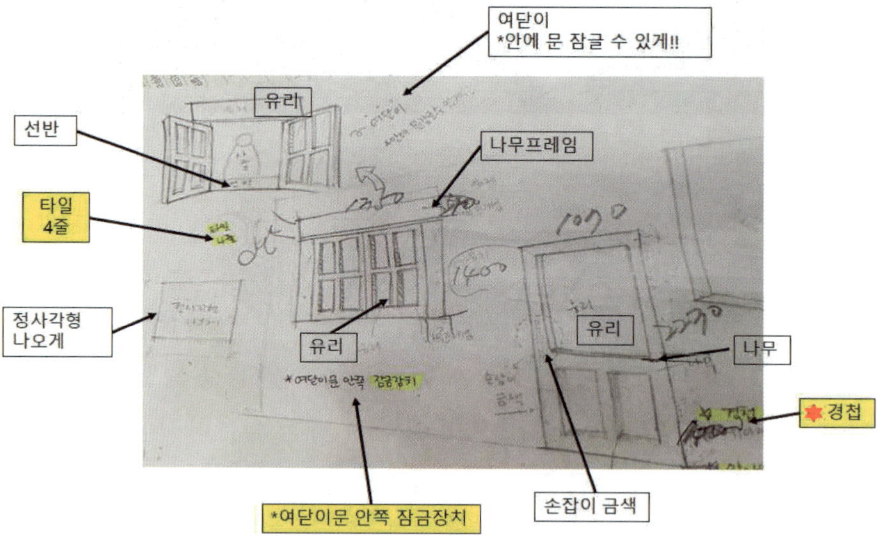

[그림 Ⅳ-14] 주문자가 직접 그린 설계도

[그림 Ⅳ-14]는 창문과 현관문 제작을 위해 주문자가 직접 그려온 설계도이다. 여기에도 그림으로 표현하기 힘들거나 알아보기 어려운 부분들은 메모로 기록해 둔 것을 확인할 수 있었다. 창문은 여닫이 형태로 나무와 유리가 함께 사용되는 경우였다. 주문자는 나무프레임과 유리가 들어갈 부분을 구분해 표시해 두었으며, 첫 번째 창문의 경우에는 안에서 문을 잠글 수 있게 여닫이 형태로 만들되 창문 위에는 유리로 창문 아래에 선반을 달아달라는 주문사항이 있었다. 유리의 종류, 나무의 재질, 선반의 모양과 색상 등 기록된 정보보다 기록되지 않은 정보가 훨씬 많을 정도로 설계도에 담긴 내용은 간단했다.

두 번째 창문 역시도 여닫이문 형태로 안쪽에 잠금장치를 달아달라는 주문사항과 함께 창문 위쪽 나무프레임 부분을 타일 4줄을 붙여 정사각형이 나오게 붙여달라고 메모해 두었다. 메모의 위치도 분명하지 않고 간단한 단어로 주문사항을 기록해 둔 것이어서 주문자의 자세한 설명 없이는 관련 내용을 이해하기 힘든 상황이었다.

현관문의 경우도 유리가 들어갈 부분과 나무로 제작할 부분을 구분하여 가로, 세로 길이를 적어두었으며, 현관문 아래에 경첩이라고 해서 중요하다는 표시를 해둔 것을 발견할 수 있었다. 경첩은 돌쩌귀처럼 창문이나 출입문 또는 가구의 문짝을 다는 데 쓰이는 철물을 말한다. 이 경첩의 크기가 100이 되게 만들어 달라는 주문사항이었는데, 주문자에 이 부분은 상당한 중요하게 받아들여졌던 것으로 보였다. 손잡이를 그려 넣은 부분에 "손잡이 금색"이라는 메모를 써 두었는데 색상만 금색으로 맞추고 모양은 그림과 유사한 형태만 되면 되는 것인지 명확하지가 않았다.

주문자가 위 설계도를 그렸을 때에는 자신의 입장에서 전달해야 할 중요한 정보들을 그림과 메모를 통해 최대한 자세히 기록하려고 하였을 것이다. 그러나 이것으로 실제 만들려는 물건의 모습을 제대로 표현해 내기에는 한계가 있다. 그럼에도 불구하고 설계도가 필요한 이유는 주문자와 장인이 서로의 생각을 공유할 수 있는 가장 기초적인 정보를 보여주는 것이면서 서로의 생각과 상황을 전달할 수 있는 기준점이 되기 때문이었다.

위 설계도만으로 고객이 원하는 물건을 만들 수 있을까 의구심이 들 정도로 설계도에는 제작과정에 필요한 세부적인 정보들이 생략되어 있었다. 그러나 장인은 주문자가 적어 놓은 몇 가지 메모만 다시 확인한 뒤 바로 제작과정에 들어갔다. 주문자 역시도 위 설계도에 적힌 사항 이외에 새로운 정보를 전달하려 하지 않았다. 명확하지 않고 자세한 설명도 없었지만 주문은 순조롭게 진행되었다. 장인에게 물건을 주문하는 게 이번이 처음이 아니었기에 고객은 장인의 솜씨를 믿고 위 설계도를 전달하였다. 장인 역시도 고객과의 주문 경험을 통해 그가 요구하는 사항을 말하지 않아도 알고 있었다. 장인과 고객이 쌓은 신뢰의 경험이 간단한 설계도 하나만으로도 충분한 주문과정으로 이어지고 있음을 확인할 수 있었다.

목공장인과 처음 거래하는 것이 아니라면 보통 전화로 주문을 하는 경우가 많았는데, 전화로 간단하게 정보를 공유할 수 있는 현판 제작과 같은 것들이 이에 해당되었다. 현판 제작은 보통 필요한 날짜와 사이즈를 먼저 확인한 다음, 현판 안에 들어갈 문구를 기록해 두었다. 날짜와 사이즈를 먼저 체크하는 이유는 마감일이 임박한 경우 목재를 주문해서 받을 시간적 여유가 없으므로, 작업장에 보관되어 있는 나무로 제작이 가능한지 파악하기 위해서였다. 현판은 한자로 제작하는 경우도 많아

한글과 한문 중 어떠한 글자로 제작할지 여부를 물어보는 경우도 많았다. 글자의 배치와 크기도 주문자가 대략적으로 제시하였다. 글자체는 주문자가 특별히 요구하는 글자체가 있는 것이 아니라면 장인이 선택해서 만들어주는 글자체에 만족하는 경우가 많았다.

[그림 Ⅳ-15]는 현판 제작 주문자와 통화하며 기록한 주문서이다. 주문서에는 큰 현판 하나와 작은 현판 하나로 총 2개의 현판 설계도가 그려져 있었다. 현판 문구로 보아 횟집을 운영하는 식당의 간판으로 보였다. "바다를 생각하면 영덕이 보입니다"라는 문구의 큰 현판은 가로 2500cm, 세로 330cm 크기로 한글로 제작할 것을 주문받았고, "산해진미 영덕"이란 문구의 작은 현판은 가로 1000cm, 세로 330cm로 한자로 제작해 줄 것을 주문받았다. 목공을 시작함과 동시에 현판 작업을 수십 년간 해온 장인들은 한자에도 능통했다. 한자를 많이 쓰던 세대이기도 하지만, 현판 작업에서 한문은 자주 활용되는 문자였기 때문이다.

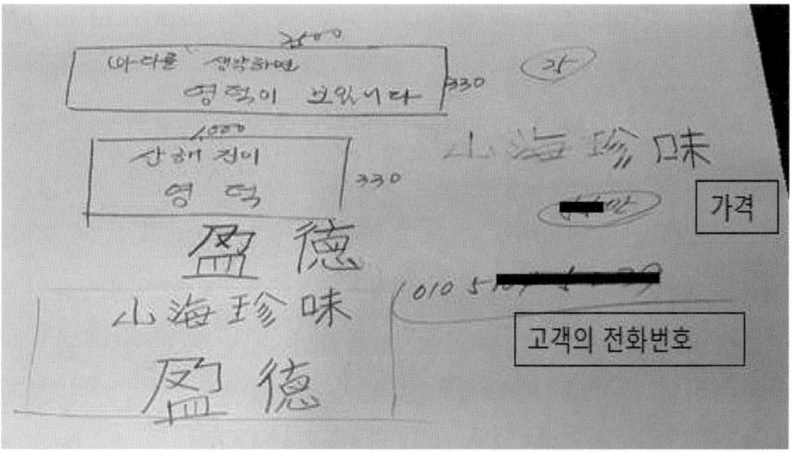

[그림 Ⅳ-15] 장인이 직접 작성한 현판 주문서

주문서에는 "山海珍味", "盈德"이란 한자어를 두 번씩 써 놓은 것을 확인할 수 있었다. 처음에 써 놓은 한자어는 장인이 맞다고 생각한 한자어를 쓴 것이고, 아래의 한자어는 고객과의 통화를 통해 확인된 한자어이다. 다행히 두 한자어가 동일하였기에 일부러 두 번씩 써 놓은 듯 보였던 것이다. 문장의 배치 역시도 고객과 상의하여 결정된 것이었다. 글자 수가 많아 현판의 사이즈를 고려했을 때 두 줄로 적는 게 글자의 크기를 키워 보기 좋게 써 내려갈 수 있었기에 장인이 먼저 제안한 사항이었다. "산해진미 영덕"의 경우에도 '영덕'이란 지명이자 가게명이 더욱 돋보일 수 있도록 두 줄로 내려쓰기로 하였다.

주문서에는 현판 제작과 관련된 사항 외에도 주문자의 연락처와 가격이 기록돼 있었다. 현판 작업은 가구를 제작하는 것보다는 쉬운 작업에 속하기 때문에 가격은 주문자와 장인 모두에게 중요한 정보였다. 너무 높은 가격이 책정되면 플라스틱 간판이 아닌 목간판을 선택할 필요성이 낮아지고, 너무 낮은 가격이 책정되면 장인이 일할 동기를 잃게 된다. 주문자와 장인 모두에게 적정선의 가격이 주는 의미는 이 현판의 제작 가능성을 높여주고 있었다.

이렇듯 설계도는 제품을 만들기 위한 기초적인 단서가 됨은 물론 주문자와 장인이 서로의 생각을 공유한 결과물이기도 하다. 사진이 아무리 자신이 만들 물건과 비슷한 모양을 담고 있다 하더라도 1% 다른 지점을 설명해야 하는 고객은 이것 또한 어려운 일일 수 있다. 장인 역시도 수십 년간 비슷한 물건을 만들어 왔지만, 매번 다른 고객의 생각을 읽어내고 이를 반영해 내기가 여간 수월하지 않다. 고객과 장인 모두 자신의 생각을 최대한 표현하고 이해시키기 위해 사진, 그림, 글 등 다양한 도구를 활용하지만, 이것 또한 보조적인 역할을 할 뿐이었다.

제작할 물건이 완성된 형태로 존재하는 것이 아니기에 이를 구체화 시키기 위한 다양한 도구와 장치가 활용되었다. 더욱이 목공에서는 시각적 자료인 그림이나 사진에 의존하는 경우가 많았다. 질감이라든지 깊이, 넓이 등의 촉각적이고 공간적인 감각이 필요한 부분 또한 상당히 많았다. 이러한 점들은 고객과 장인의 상상력 안에서 자유롭게 만들어 졌다. 그들이 머릿속에 그려나가는 이 상상의 실체는 고객과 장인 두 사람이 함께 보고 있는 사진이나 그림, 대화를 통해 구체화 되고 서로의 생각이 서로 공유되어 공감되는 부분이 커질수록 주문은 빠른 시간 안에 끝날 수 있었다. 그리고 고객과 장인의 대화는 서로의 생각을 읽어나가는 도구인 동시에 서로에 대한 믿음과 신뢰를 쌓아가는 과정이 되었다. 고객은 장인의 오랜 경험과 전문성을 확인해 나가는 시간이고 장인은 고객의 취향과 요구사항을 최대한 많이 이해해 나가는 시간이었다. 같은 시간, 같은 공간에서 말하고 듣고 보는 것이 목공장인의 작업장에선 설계도가 되었다. 즉, 현장에 존재하는 모든 것들이 설계의 재료가 되고 원형이 되어 시각적인 형상으로 드러나는 것임을 확인할 수 있었다.

V. 암묵지, 객체, 그리고 맥락적 실천

1. 예측 가능성

전문가 혹은 숙달자에 대한 전문성을 논의하면서 그들의 탁월한 능력 중 '직감 혹은 직관' 대한 이야기를 자주 언급한다. 이것이 전문가의 전문지식으로 받아들여지기 때문이다(김정아, 2007). 앞서 목재를 보자마자 좋은 목재임을 직감적으로 안 장인의 사례를 소개했었다. 직감은 기존의 지식을 바탕으로 사고의 과정을 거쳐서 아는 것이 아닌 대상을 보자마자 곧바로 느껴서 아는 것이었다. 이러한 감각이 발전하면 인식력으로써의 직관력이 생기게 된다.

장기나 바둑, 체스 등에서 숙달자들은 앞으로 마주하고자 하는 형태에 대해 직관적으로 통찰할 수 있고, 그 다음의 한 수도 직관에 의해 무수한 선택지 중에서 최선의 후보로 좁혀갈 수 있다고 한다(Simmel, 1971). 이처럼 직관은 문제를 본 순간 이미 최종적으로 도달해야 할 종착역이 어디인지 그 방향성을 아는 것이며 이를 바탕으로 구체적인 절차를 밟아갈 수 있게 한다. 문제 상황이 닥쳤을 때 숙달자가 빠른 시간 안에 이를 해결할 수 있는 이유이기도 하다.

보자마자 안다는 것, 문제를 인식하고 문제를 해결하는 방법까지 직관적으로 파악한다는 것이 어떤 의미인가? 가장 단순하고 예측 가능한 생각의 형태는 행위가 이루어진 상황과 시간적으로 가장 가까운 때 일어나는 생각이다(Collins, 2004). 생각은 머릿 속에서 일어나는 보이지 않는 내면화의 과정이고 이를 관찰하여 기술하기란 대단히 어려운 일이다. 다만 생각의 흐름은 실용적 상황에서 시작한다(Collins, 2004)는 점을 감안하여 특정한 상황이 만들어지는 시점에서 드러나는 행위를 통해 이를 관찰해 볼 수 있을 것이다.

강인내 장인의 작업장에 건축물 모형 제작을 주문하기 위해 세 사람이 방문하였다. 주문자는 방문 전 미리 전화를 걸어 제작 가능성에 대한 확인을 마친 후, 장인과 시간 약속을 잡고 온 상황이었다. 주문자는 작업장 근처에 있는 C대학 건축학과 교수로 조교와 제자와 함께 작업장을 방문한 것이었다. 목공장인에게 자신의 주문사항을 자세히 전달하기 위해 건축물을 축소하여 그린 설계도면과 스티로폼 모형물, 막대자를 직접 챙겨서 왔다. 스티로폼 모형은 2~3cm 정도로 나무로 제작할 모형보다도 작았으며, 설계도에 그려진 도형은 5~6cm 정도로 제작할 모형보다는 다소 컸지만 이 역시 매우 작은 편에 속했다. 목공장인은 자신이 제작할 모형의 크기가 얼마나 작은지에 관해서 구체적으로 알고 있진 않은 상황이었다.

주문자는 스티로폼을 활용해 실제 건축물을 몇십분의 일 크기로 축소한 1차적인 모형을 만들었고, 이를 바탕으로 건축물과 비슷한 재질의 목재로 2차적인 모형을 제작할 계획이었다. 이를 위해 설계도를 그려왔는데 실제로 제작할 나무 모형의 크기보다 조금 더 크게 그려왔다. 너무 작아 알아보기 힘들다는 이유에서 크기를 좀 더 키워서 온 것이었는데 이것이 오히려 작업을 시작하는 데 어려움으로 작용한 것이었다.

아래의 대화는 스티로폼 모형과 설계도, 실제 제작할 나무 모형의 크기가 모두 같지 않음에서 오는 혼란스러운 상황이다. 이해를 돕기 위해 스티로폼 모형을 A로 설계도를 B로 상정하여 대화의 내용을 분석해 보고자 한다.

<상황 3 : 건축모형 제작 주문>

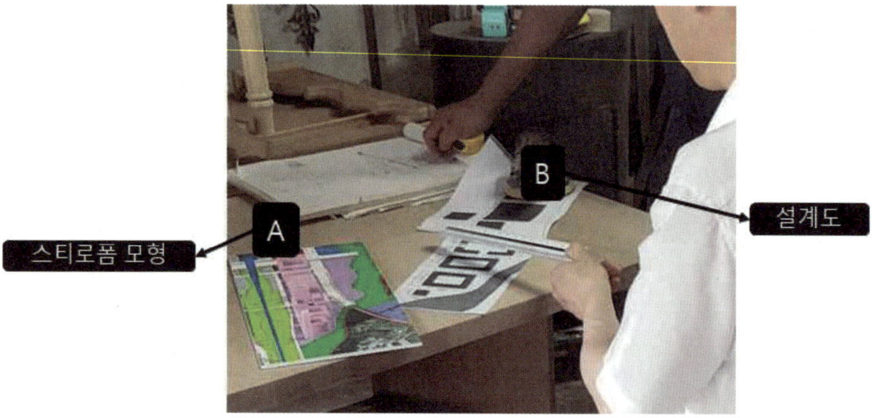

[그림 V-1] 건축모형 제작을 위한 고객과 장인의 대화 장면

장　인 : (주문자가 가져온 스티로폼 모형(A)을 가리키며) 아, 이거예요?
주문자 : (A를 가리키며) 이게 아니고 이거(A)보다 커요. (가져온 설계도(B)를 보여주면서) 제가 이거(B), 제가 가져왔어요.
장　인 : 아, 여기(B)다 얹힐 거예요? (작업대 위에 놓여진 설계도면을 자기 쪽으로 보기 좋게 돌려놓으며) 이게(B) 다 1:1이예요?
주문자 : 아니요. 이거(B) 1:1 아니예요.
장　인 : 그럼, 이거(B)보다 커요?
주문자 : 이거(B)보다 작아요. (스티로폼 모형(A)을 손가락으로 가리키며) 이거(A)보다 2.5배

위 <상황 3>은 주문자가 가지고 온 스티로폼 모형과 설계도면이 제작할 건축모형과 어떠한 연관이 있는지 확인해 나가는 과정이다. 장인은 스티로폼 모형(A)을 보며 직관적으로 이와 유사한 형태로 만들어야 함을 파악한다. 주문자에게 건넨 첫 마디가 "아, 이거예요?"였던 것은 전화로 대략적인 내용을 전달받았고, 주문자가 작업장에 직접 들고 온 스티로폼 모형이 자신이 이해한 맥락 안에서 구체적인 형상으로 다가왔기 때문이다. 주문자의 의도를 이제 파악했다는 의미로 "아"라는 감탄사를 사용하였고, 스티로폼 모형(A)을 보자마자 "이거"라는 지시어를 통해 전화로 설명했던 모형을 자신도 공유하고 있음을 표현한 것이다.

하지만 주문자는 "이게 아니고"라는 말로 장인의 예측이 잘못되었음을 확인시켰고, 스티로폼 모형보다 제작할 모형이 더 크다는 것을 강조한다. 즉 장인은 주문자와의 전화통화를 통해 머릿속으로 상상했던 실체가 맞냐는 질문이었고, 주문자는 그 맥락을 넘어 사이즈의 차이까지 장인에게 전달하려고 했던 것이다. 이후 주문자는 직접 그려온 설계도(B)를 내밀며, "제가"라는 말을 두 번 사용하여 자신이 가지고 온 것임을 강조한다.

주문자가 가지고 온 스티로폼 모형(A)과 설계도(B)는 실제 제작할 나무 모형(C)과 크기가 모두 다르다. 이 때문에 장인과 주문자 사이의 대화에 상당한 혼란이 야기되었다. <표 Ⅴ-1>은 제작할 나무 모형(C)을 기준으로 스티로폼 모형(A)과 설계도(B) 간의 크기를 비교한 것이다. 도식화시켜 보면 간단한 내용이나 실제 제작할 나무 모형이 없는 상황에서 눈앞에 놓인 스티로폼 모형과 설계도만을 놓고 가상의 실체를 상상하기란 쉽지 않은 일이었다.

<표 V-1> 각 모형의 크기 비교

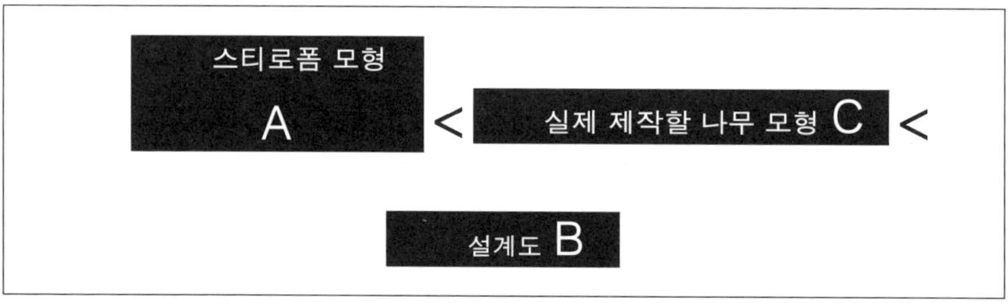

다음 대화에서 장인은 주문자의 말을 바로 받아 설계도(B)로 시선을 돌리며 설계도에 그려진 도형 위에 제작할 모형을 '얹힐 거냐'고 질문을 던진다. 그런 후 설계도에 그려진 도형의 크기가 제작할 모형의 크기와 "1:1"로 같은지 물어본다. 이때 크기가 같다는 의미로 "1:1"이라는 표현을 사용하고 있는데 똑같다는 의미를 좀 더 명확하게 전달해 주는 역할을 하고 있다. 이를 바탕으로 설계도에 그려진 도형을 가리키며 그 도형 위에'얹힐 것'이냐는 질문과 "1:1"이라는 말은 동일한 의미로 사용되고 있음을 알 수 있다.

여기서 장인이'얹힐 것'이라고 질문을 던진 것에 주목해 볼 필요가 있다. 주문자의 입장에서는 '얹힐 것'이라는 말이 갑자기 불쑥 나오게 된 배경을 이해하기 힘든 상황이었다. 설계도는 모형 제작을 위한 안내서이지 모형을 얹힐 용도로 사용되는 것은 아니기 때문이다. 그렇다면 장인은 왜 갑자기 설계도를 보자마자 건축모형을'얹힐 것'이냐고 물어본 것일까? 이 말은 기존에 자신이 일하던 방식에서 자연스럽게 나온 질문이었다. 앞서 현판 만들기에서도 보았듯이 강인내 장인은 일의 절차를 간소화하기 위해 출력한 종이를 목간판에 그대로 붙인 채 글자를 파내려갔다. 건축모형 제작에 있어서도 이와 동일한 이유로 설계도 위에 목재를 그대로 붙인 채 자르면 사이즈를 별도로 잴 필요 없이 설계도가 바로 이 작업의 척도가 되는 것이었다. "1:1"이라는 단어의 의미에서도 그의 의도를 파악할 수 있듯이 설계도의 크기와 실제 제작할 모형의 크기가 일치한다면 일일이 크기를 재는 번거로움을 생략할 수 있었던 것이다.

반면 주문자는 설계도를 직접 챙겨온 것을 재차 강조했었다. 건축학과 교수였던 주문자는 설계도면을 통해 실체를 구상하고 설명하는 데 익숙했다. 그의 입장에서는 스티로폼 모형과 설계도 그리고 제작할 나무 모형의 크기가 모두 다른 게 문제가 되지 않았다. 설계도 상의 수치만 정확히 구현해 내면 되는 일이기 때문이었다. 장인이 대상을 모두 같은 크기로 동일시하려고 한 것에 반해, 주문자는 각각의 크기 차이를 계속적으로 언급하였다. 마지막 주문자의 대화에서 스티로폼 모형보다 설계도가 2.5배 크다는 사실을 알려주는 행위를 통해 주문자는 정형화된 숫자와 비율의 의미를 중심으로 대상을 인식해 나감을 예측할 수 있다.

위 상황은 주문자와 장인이 같은 상황을 다른 관점에서 자각하고 전개해 나가려는 데서 생기는 어려움을 보여주고 있다. 이 상황은 두 사람의 내면적 인식력에만 기인하는 것이 아닌 현장에 놓인 도구에 의존해 전개되고 있음을 확인할 수 있었다. 주문자가 들고 온 스티로폼 모형에 가장 먼저 눈길이 갔던 장인이 대화를 시작하였고, 스티로폼 모형이 제작할 나무 모형과 크기가 다름으로 인해 설계도에 관한 내용으로 대화의 대상이 바뀐 상황이었다. 주문자가 도착하기 이전에 전화로 대략적인 상황을 설명했지만, 이는 대화를 이끌어 가는 부수적인 요인이 될 뿐 주문자가 작업장에 방문하면서 들고 온 스티로폼 모형과 설계도가 주문자와 장인의 대화를 만들어나가고 있었다.

다만 주문자는 설계도를 중심으로 제작할 나무 모형을 설명할 계획이었지만, 장인에게는 오히려 스티로폼 모형이 나무 모형 제작을 위한 실제적 대상이었다. 다시 말해 건축학과 교수였던 주문자에게 스티로폼 모형은 제작할 대상에 대한 참고자료일 뿐 설계도가 제작을 위한 중요한 기준이 되었으나, 장인에게는 스티로폼 모형이 구체적 형상화의 기준이 되었던 것이다. 이는 일을 도면으로 이해하는 사람과 실제 현장을 이해하는 사람 사이의 인식의 차이에서 오는 결과일 것이다.

<표 V-2> 문제 상황의 인식과 판단의 기준 그리고 설명 방식

구분	건축학과 교수(주문자)	장인
상황 인식의 준거	2차원의 설계도	3차원의 구조물(스티로폼 모형)
판단의 기준	수치화된 숫자	제작 구조물과의 유사성
설명 방식	숫자의 의미 (ex. 2.5배)	제작을 가능하게 하는 행위 (ex. 얹힐 것)

<표 V-2>는 건축학과 교수인 주문자와 목공장인이 문제 상황을 인식하고 판단하는 준거를 중심으로 설명 방식에 어떠한 차이가 있는지 표로 정리한 것이다. 각기 다른 경험과 그로부터 얻어진 판단의 기준이 같은 상황을 얼마나 다르게 인식해 나갈 수 있는지(박진희, 조현영, 2017) 확인할 수 있다. 즉, 위 상황은 주문자가 제시한 문제가 장인에게 어떻게 다르게 경험될 수 있는지에 대해 보여준다. 장인이 스티로폼 모형을 보자마자 나무 모형 제작을 구상할 수 있었던 점, 설계도를 보며 1:1의 크기가 될 경우, 제작과정이 매우 수월해질 것임을 알아차린 점

등은 모두 자신의 경험을 바탕으로 상황을 이해할 수 있는 '직관력'에 기인한 것이다.

주문이라는 과정이 얼핏 생각하면 주문자의 의도를 장인에게 관철시키는 과정이라 생각할 수도 있다. 주문자가 원하는 의도대로 물건의 형태가 완성돼야 하기 때문이다. 그러나 정작 물건을 만드는 이는 장인이다. 장인은 물건이 완성되기까지의 과정을 모두 간파하고 있는 사람이다. 설계도 상의 그림만 가지고 일의 실제 상황을 이야기하는 주문자와는 상황을 이해하고 문제를 자각해 내는 능력이 다를 수밖에 없을 것이다.

여기서 인식을 넘어 자각(自覺)이라는 단어를 쓴 이유는 문제를 자신의 맥락 안으로 끌어들여 '어떻게' 해결해 나갈 것인지에 대해 고민까지 포함한 의미로 사용하기 위해서이다. 장인은 위 상황 속 문제를 행위와 실천을 통해 구체적으로 엮어나갈 수 있는 능력이 있었다. 이는 숙달자에게서 보여지는 보편적인 현상일 것이다. 만약 주문자의 의도대로 설계도의 수치를 하나하나 재고 확인하며 건축모형을 만들어나간다면 어떠했을까? 정확히 알 수는 없어도 장인이 건축모형을 만들어나가는 시간보다는 몇 배의 시간이 더 걸릴 것이다. 그리고 잠시라도 주의를 기울이지 않으면 사이즈에 오차가 발생하기 쉬운 상황이 발생할 것이다.

목공장인은 작업하는 대상과 늘 한 몸처럼 붙어 지내는 사람이다. 작업하는 물건을 보고 만지며 그것의 모양과 결에 따라 그의 생각과 행동이 변화해 나간다. 이를 Schon(1983)과 Sennett(2008)은 '대상과의 끊임없는 대화'하고 말하기도 하였다. 장인이 작업과 관련해서 상황을 인식하고 문제를 파악하는 과정 안에는 늘 대상을 다루는 행위가 내재되어 있었다. 대상을 다룬다는 것은 자신의 영역 안으로 끌어들여 수월하게 길들인다는 의미도 포함된 것이다. 즉, 길들이기 위해 어떻게 해야 하는지 자신만의 방법을 알고 있다는 것이다. 장인이 문제를 인식함에 있어 대상을 다룰 때의 행위까지 상황 안으로 끌어들일 수 있었던 이유가 바로 여기에 있을 것이다.

2. 혼돈과 질서

Holyoak(1991)은 전문가를 지식을 습득하는 능력, 특정 문제를 발견하고 해결하는 적절한 패턴을 빠르게 창조할 수 있는 능력을 가진 사람으로 정의하고 있다. 따라서 짧은 순간에 인지적 네트워크를 생성하고, 수많은 지식과 정보를 의미 있게 연결할 수 있는 능력이 중요하다고 하였다(이상훈·오헌석, 2016). 이를 좀 더 일반화시켜 표현한다면 전문가는 복잡한 문제 상황을 단순화시켜 해결해 나갈 수 있다고 말할 수 있을 것이다.

단순화하기 위해서는 문제에 대한 정확한 이해가 수반되어야 한다. 더불어 복잡한 문제를 자기 나름의 맥락 안으로 끌어들여 변형시킬 수 있어야 한다. 이것이 바로 실천지이며 살아있는 지식일 것이다. 살아있는 지식이란 새로운 지식을 실천적 경험의 맥락 안으로 끌어들임으로써 만들어질 수 있는 것이다. 이는 문제해결이기도 하고 저항을 다스리는 장인의 노하우이기도 하다. 다음의 사례를 통해 그 노하우를 자세히 들여다보고자 한다.

<상황 4 : 설계도면의 가로, 세로길이 파악하기>

설계도면에는 7개의 도형이 그려져 있다. 각 도형에는 건축모형의 외측 가로, 세로 길이와 내측 가로, 세로 길이가 표시되어 있으며, 예시로 B 도형에만 길이를 표시해 두었다. 높이의 경우 표시해 둔 숫자의 크기가 너무 작고 위치가 모호하여 구분하기 어려웠다. 이에 따라 [그림 V-2]에서는 높이를 그림 상단에 별도로 표시해 두었다.

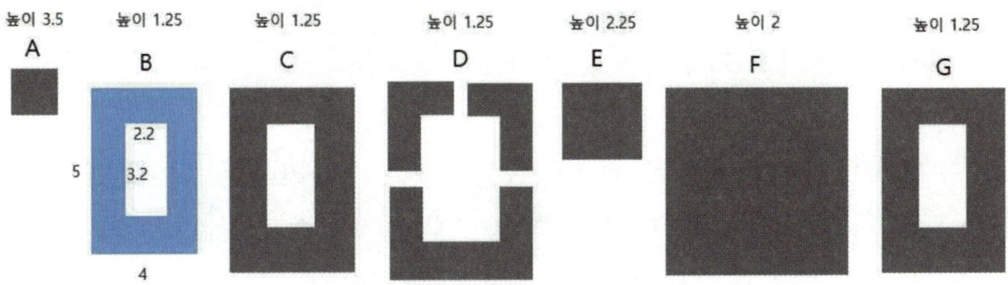

[그림 V-2] 건축모형 제작을 위한 설계도면

장 인 : (B 도형의 가로 길이 숫자를 짚으며) 이 센치가 22센치?

주문자 : 2.2센치.

장 인 : 2.2센치? 아휴, 쪼그만 하네. 2.2센치면 이거, 이거 (뭔가를 찾으며) 거의 이거만 하겠는데? 아닌가?

주문자 : 아니요. 저기 뭐야?

(장인이 줄자를 가지러 간다. 주문자는 잠시 장인이 오기를 기다리며 의자를 다시 당겨 자세를 바꿔본다. 줄자를 들고 장인이 다시 작업대로 온다.)

주문자 : (B 도형을 가리키며) 이 안이 2.2고 이 밖이 4센치요.
장　인 : 아아, (줄자를 설계도의 B 도형에 대어보며) 아아아.
주문자 : (B 도형의 크기를 줄자로 재어보는 장인을 보며) 이게, 이게 안 맞는 거예요. 글씨가 안 보여서 크게 키워서 왔어요.

<상황 5 : 설계도면의 높이 파악하기 >

장　인 : 그럼 이거 높이는?
주문자 : (들었던 막대자를 다시 내려놓고는 설계도 상단에 작게 적힌 숫자를 가리키며) 높이는 요고.
장　인 : 센치는 나와 있고.
주문자 : (B 도형의 가로, 세로를 표시한 숫자를 가리키며) 길이는 나와 있고. 그니깐 (B 도형의 가로를 손가락으로 짚으며) 4센치, (세로 길이를 짚으며) 5센치, 외형이.
장　인 : 네네.
주문자 : 그리고, 내는 (B 도형의 내측 길이를 짚으며) 2.2.에 3.2.
장　인 : 두께까지가 따로 표기가 되네.
주문자 : 그리고 높이는 여기 전체가 1.25센치. (함께 온 조교를 바라보며) 맞지?
조　교 : 네.
주문자 : (다시 한번 강조하며) 1.25센치.
장　인 : 1센치 조금 더 크게? 그니깐 1.2? 아이고. (머리를 긁적이며) 얇은데……. 굉장히 얇으네요.
주문자 : 1.25면 (들고 있던 막대자로 1.25센치를 표시해 보여주며) 이 정도.
장　인 : 요거잖아요? 요거, 요거. (줄자로 1.25센치 잡아 보여주며) 이만큼. 1.25센치, 12.5mm

주문자 : 네네. 그렇죠, 그렇죠.

장 인 : 밀리로요. 지금 센치로 적어서 그런데.

주문자 : 12.5mm. (내측 가로 길이를 짚으며) 요거 22mm.

장 인 : (머리에 꽂혀 있던 연필을 들어 도면에 숫자를 크게 적으며) 이거 12.5, 높이가 12.5고. 이건 22mm.

주문자 : (A 도형의 외측 가로를 가리키며) 이거 40mm,

장 인 : (연필로 다시 40이라 크게 적으며) 40mm.

주문자 : (B 도형, C 도형의 외측 가로 길이를 짚으며) 이거 40mm. 40mm

장 인 : (F 도형을 가리키며) 이거는 뭐죠? 이거?

주문자 : 이거는 (제작된 모형을 새롭게 들어 장인이 물어보는 해당 모형을 가리키며) 이거는 그냥, 통으로 하나.

장 인 : 두께는? 높이는?

주문자 : 80mm에…….

장 인 : 아니아니, (F 도형을 가리키며) 크기는 알겠는데, 높이, 높이?

주문자 : 높이는 2센치.

장 인 : (연필로 따로 표시하며) 2센치.

장 인 : (E 도형을 가리키며) 이거는?

주문자 : 이거는? 22.5.

장 인 : 높이가 다 틀린 거네. (B 도형을 가리키며) 요거, (C 도형을 가리키며) 요거, (D 도형을 가리키며) 요거, (G 도형을 가리키며) 요거는 다 똑같고, 요거까지. 높이는……. (E, F 도형을 가리키며) 요거만 틀린 거네. 막힌 거.

주문자 : 네. (E 도형을 가리키며) 요거는 높이가 22.5

장 인 : 그러니깐, (B, C, D, G 도형을 순차적으로 가리키며) 이거, 이거, 이거, 이거는 다 똑같고, (E, F 도형을 가리키며) 이거, 이거만 다르네.

주문자 : 그리고, (A 도형을 가리키며) 요게 조금, (스티로폼 모형을 가리키며) 요거니깐.

장 인 : (A 도형을 가리키며) 이거는 얼마예요?

주문자 : (A 도형을 가리키며) 요거는 35mm.

장 인 : 15 곱하기 15에 높이가 35mm.

주문자 : 그쵸. 15mm, 15mm에 높이가 35mm.

장 인 : 35?

주문자 : 네.

장 인 : 됐어요.

주문자 : 그게 전부예요.

<상황 4>는 설계도면에 적힌 숫자의 의미를 파악하는 상황이다. [그림 Ⅴ-2]는 주문자가 가져온 설계도를 보고 그대로 따라 그린 그림이다. 숫자의 위치와 단위가 모호하여 이를 확인하는 데만 많은 시간이 소요되었다. 7개의 도형 중 장인이 가장 먼저 질문을 던진 도형은 B였다. 작업을 진행함에 있어 가장 많은 부분을 차지할 도형을 기준점으로 삼아 질문을 던진 것이었다. 설계도에 적힌 숫자들은 모두 센티미터 단위이다. 장인이 2.2라는 숫자를 22 센티미터로 읽은 것은 숫자의 크기가 너무 작아 잘 보이지 않았기 때문이며, 2.2 센티미터 정도의 아주 작은 크기임을 예측하지 못했기 때문이다. "아휴, 쪼그만 하네."라는 장인의 말 속에 작업하기에 너무 작은 크기라 어렵겠다는 탄식이 섞여 있다. 그리고 바로 줄자를 찾으러 간 것은 설계도의 도형이 원래 제작할 모형의 크기보다 크다는 사실을 이전 상황에서 이미 인지하고 있었기 때문에 실제 크기를 확인하기 위해서였다. 더불어 크기가 매우 작을 경우 제작이 어려울 수도 있다는 판단 아래, 이를 가늠해 보기 위한 조치이기도

하였다. 만약 너무 작아 제작이 불가능하다고 판단될 경우 지금의 이 대화를 계속 이어갈 필요가 없기 때문이다.

장인이 돌아오자마자 주문자는 장인이 질문했던 B 도형을 가리키며 가로 길이에 적힌 2.2와 4의 의미를 설명해 준다. B 도형은 안에 구멍이 뚫린 형태의 건축모형으로 내측 길이와 외측 길이가 다르게 표시되어 있었다. 장인의 대답 중 첫 번째 "아아"는 내측과 외측 길이가 다르다는 점을 이해했다는 의미이고, 줄자를 설계도 도형에 가져가 보며 길이를 확인한 후 말한 "아아아"는 도형의 길이가 실제 길이와 다르다는 점을 이해했다는 의미였다. 주문자 역시도 장인이 줄자를 대어 보는 행동을 보며 실제 길이와 같은지 확인해 보려는 의도임을 알아챘다. 그래서 장인에게 조금 더 정확한 의미를 전달하기 위해 '맞지 않다'는 확답을 해줌과 동시에 "글씨가 안 보여서 크게 키워서 왔어요."라는 설명을 덧붙인다.

이렇게 장인은 주문자가 가져온 설계도의 의미를 적극적으로 파악해 나가려고 노력하고 있었다. 설계도를 보자마자 도형 B를 기준점으로 삼아 질문을 던지고 도형에 적힌 숫자의 내용을 탐색해 나가는 장인의 행위는 매우 당연하면서도 자연스러워 보였지만 그 안에는 숙달된 전문가의 노련함이 있었다. 이 노련함이 복잡하고 모호한 상황을 매우 단순하고 구체적인 상황으로 이끌어 가고 있음을 확인할 수 있었다.

<상황 5>는 설계도에 표시되어 있는 가로, 세로에 대한 이해를 바탕으로 높이를 파악해 나가는 상황이다. 대화의 첫 부분을 통해 <상황 4>에서 이해한 내용을 다시 한번 확인해 나가는 것을 볼 수 있다. 그 다음으로 장인이 던진 말이 "두께까지 따로 표기가 되네."이다. 이때 장인은 '두께'라는 단어를 사용했는데, 사실 높이는 나무 모형의 두께를 지칭하

는 용어였다. 작업 상황에서는 두께라고 표현하는 것이 이해하기 쉬웠는데, 장인 역시도 이러한 맥락에서 자연스럽게 나온 말이었다. 장인이 '두께'라고 표했지만, 주문자는 '높이'라는 단어로 바꿔 대답해 줌으로써 장인과 같은 맥락을 공유하고 있음을 드러낸다. 그리고 함께 온 조교에게 높이가 맞는지 확인하는 모습을 통해 주문자가 조교 및 제자와 동행한 이유를 짐작할 수 있다.

앞서 [그림 Ⅴ-2]를 설명하면서 그림에 높이로 표시한 숫자의 크기가 너무 작고 위치가 모호하여 구분하기 힘들다고 하였다. 따라서 장인에게는 각 도형의 높이를 파악하는 일이 이 상황에서는 중요한 과제가 된 것이다. 이번 건축물 모형 제작의 경우에는 0.1mm 단위로 제작을 의뢰한 상황으로 아주 작은 오차에도 잘못된 결과물이 만들어질 수 있기에 때문에 꼼꼼하게 확인하고 기록해 둘 필요가 있었다. 더욱이 각 도형의 높이가 모두 같은 것이 아니었기에 이에 대한 정확한 구분과 이해가 중요한 상황이었다.

주문자는 B 도형의 높이가 "1.25센치"라고 말한다. 이에 장인은"아이고"라는 감탄사와 함께 머리를 긁적이는 행동을 보이는데, 이를 통해 작업하기에 매우 작은 크기임을 짐작할 수 있다. 뒤이어 "얇은데……." 라며 말끝을 흐리는 태도와 "굉장히 얇으네요."라고 다시 한번 자신의 생각을 명확히 표현하는 모습을 통해 이를 분명하게 확인해 볼 수 있다.

그러나 장인은 "1.25센티"를 "12.5밀리"로 바꿔 질문하면서 작업이 조금 수월해질 수 있는 방향으로 주문자를 유도한다. 센티미터 단위로 소수점 두 자리까지 고려해야 하는 상황보다는 단위를 밀리미터로 바꾸어 소수점 한자리로 만드는 것이 길이를 파악하고 작업하기에 조금 더 수월하고 정확했기 때문이다. 장인은 밀리미터 단위로 높이를 크게 다시 한번 적어 내려간다. 이때 주문자는 가로, 세로 길이부터 밀리미터 단위로 바꾸어 말하면서 A 도형부터 순차적으로 설명해 나가려고 하는 것을 볼 수 있다. 그러나 C 도형까지 설명했을 때 장인이 던진 질문은 F 도형의 높이였다. 장인은 이미 가로, 세로에 적힌 숫자의 의미와 B, C, D, G 도형의 높이가 같다는 것을 모두 이해한 상태였다. 그래서 다음 단계인 F 도형의 높이를 물어본 것이었다. 장인은 각 도형의 높이를 특정한 기준을 가지고 묶어 인식하고 있었다. 이를 다음의 <표 V-3>과 같이 정리해보았다.

<표 V-3> 설계도 도형에 대한 장인의 묶음 인식

설계도에 적힌 도형의 높이	장인의 묶음 인식 과정
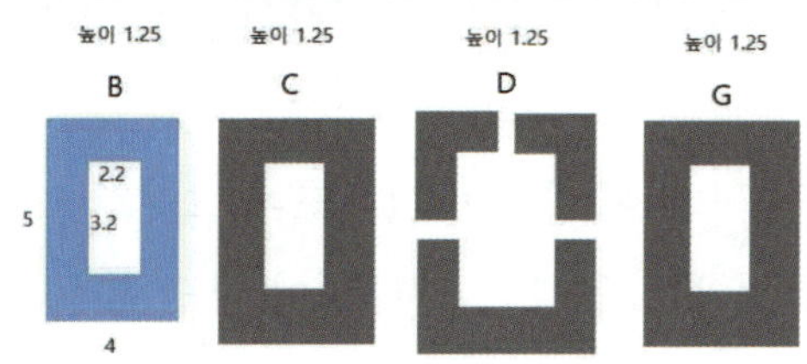	<1단계> 가운데 부분이 뚫린 형태로 모양이 비슷하고 높이가 같은 도형끼리 묶어 인식하기 - B, C, D, G : 12.5mm
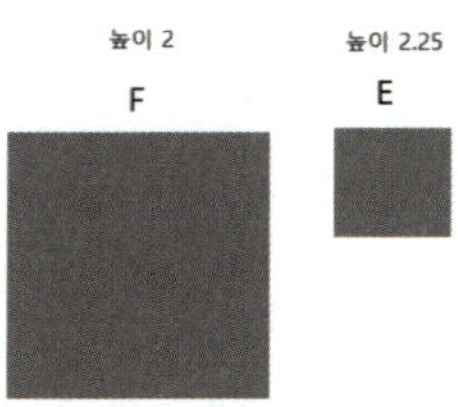	<2단계> 높이가 다르지만 오차가 적은 E, F 도형 묶어 인식하기 F : 20mm, E : 22.5mm
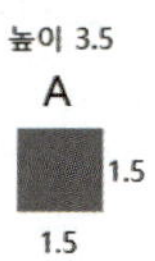	<3단계> 가장 크기가 작고 다른 도형과 높이의 오차 범위가 큰 A 도형의 높이 인식하기 A : 35mm

위 표에서 보는 바와 같이 장인은 가장 먼저 모양이 비슷하고 높이가 같은 B, C, D, G 도형의 높이를 확인했다. 다음으로 막힌 형태의 큰 도형 F의 높이를 질문했다. 주문자 역시도 장인이 인식한 순서에 따라 F 도형과 비슷한 높이인 E 도형을 함께 묶어 길이를 확인시켜 주었다. 그리고 마지막으로 가장 작은 A 도형의 높이를 확인하는 것으로 이 복잡한 과정의 대화를 마무리 지었다.

장인이 설계도를 보며 각 도형의 길이를 인식한 과정을 살펴보면 일을 할 때 상황이 그대로 반영되어 있음을 확인할 수 있었다. 설계도에 있는 도형의 높이를 순서대로 파악하는 것이 아니라 모양, 높이의 유사성을 기준으로 묶어 크게 세 개의 그룹으로 도형의 높이를 인식하였다. 이것은 실제 작업을 관찰해 본 결과, 고스란히 드러난 상황이었다. 질문을 통해 설계도의 내용을 파악한 과정이 건축모형을 제작하는 과정에서도 그대로 반영되었던 것이다.

다음의 <표 V-4>에서 보는 바와 같이 장인이 설계도에 그려진 도형의 크기를 인식해 나가는 과정은 실제 작업과의 연관성이 상당 부분 포함되어 있음을 확인할 수 있다. 이는 장인이 설계도를 실제 나무 모형 제작을 위한 기초적인 자료이자 수단으로 활용할 뿐, 그 외에 대부분의 과정은 장인의 맥락 안에서 새롭게 만들어지거나 변형되는 부분이었다.

<표 V-4> 장인의 문제 인식 과정과 실제 작업과의 연관성

순번	장인의 인식 과정	실제 작업과의 연관성
①	설계도 안에 7개의 도형 중 기준이 될만한 도형을 고른다.	7개의 도형은 두 개의 그룹으로 구분(B, C, D, G 도형/ A, E, F 도형)하여 작업을 단순화시킬 수 있었다.

순번	장인의 인식 과정	실제 작업과의 연관성
②	B 도형을 선택한다.	작업이 비교적 어렵고 개수가 많은 그룹에서 기준 도형을 선택했다.
③	B 도형에 적힌 숫자와 단위를 확인하기 위해 질문한다.	설계도에 숫자의 단위가 없었다.
④	설계도에 적힌 숫자는 소수점 둘째 자리까지로 센티미터 단위임을 확인하고 밀리미터 단위로 수정한다.	센티미터 단위일 경우 소수점 둘째짜리까지 인식해야 함으로 일이 복잡하고 어려워질 수 있었다.
⑤	실제 크기가 얼마나 되는지 줄자를 가져와 확인해 본다.	너무 작은 크기이므로 작업이 가능한지 여부를 확인할 필요가 있었다. 불가능하다고 판단될 경우 이후 논의를 진행시켜 나갈 이유가 없었다.
⑥	도형에 적힌 4개의 숫자, 내측과 외측의 가로 길이와 세로 길이가 각각 무엇인지 확인한다.	B 도형에 적힌 4개의 숫자가 무엇을 가리키는지 확인함으로써 나머지 도형에 적힌 숫자의 의미를 한꺼번에 인식했다.
⑦	따로 표시해 두어야 할 수치는 별도로 크게 적어 표시해 둔다.	작업 중 계속 확인해야 할 수치를 단위별로 묶어 크게 표시해 둠으로써 번거로움을 없앨 수 있었다.

장인의 맥락 안에서 만들어진 이 인식의 과정을 자세히 들여다보면 '탐색 → 질문 → 수정 → 예측 → 인식'과 같은 일련의 사고 순서를 보이는 듯 했다. 그러나 이는 결과론적인 해석이지, 장인이 위와 같은 사고 과정을 염두에 두고 대화를 이끌어 간 것은 아니었다. 몸에 밴 일의 과정이 장인의 사고를 자연스럽게 이끌어 나간 결과에 불과할 것이다. 여기서 장인이 설계도에 그려진 도형과 수치를 어떻게 자신의 맥락 안으로 끌어들이고 있으며, 이 맥락이 실제 작업에 어떠한 영향을 주고 있는지 확인해 보고자 한다.

먼저 설계도의 그림을 순차적으로 인식하지 않는다는 점이다. 설계도의 가장 앞자리에 위치한 A 도형을 기준점으로 삼지 않고 같은 작업 행위로 묶을 수 있는 도형 중 하나를 선택하였다. 즉 B 도형을 기준 삼아 일의 순서대로 대상을 인식해 나가는 점을 발견할 수 있었다.

두 번째는 걸림돌이 되는 지식을 수정한다는 점이다. 장인이 숫자의 단위가 무엇인지 질문을 던진 후 센티미터 단위임을 확인하고 밀리미터 단위로 수정하였다. 이로써 일을 좀 더 수월하게 진행할 수 있음은 물론 수치의 정확성을 좀 더 세밀하게 구현해 낼 수 있게 만들었다.

세 번째는 계속해서 줄자로 수치를 확인해 나가면서 일의 가능성을 점검해 본다는 점이다. 주문과정에서 제시한 도형의 수치는 육안으로 확인하기에도 매우 작았다. 게다가 두께까지 매우 얇아 모형을 붙였을 때 제대로 모양이 잡힐지 모호한 상황이었다. 장인은 이 모호한 상황을 작업을 시작하기 전이지만 계속해서 확인하며 그 가능성을 점검해 나가는 모습을 보였다. 이는 이후 일을 좀 더 순조롭게 할 수 있게 만들어주었으며, 실제 제작과정에서 불필요한 애씀을 줄여주는 행위이기도 하였다.

마지막으로 작업 단위로 수치를 별도로 표시해 두고 한꺼번에 인식한다는 점이다. 수치가 다른 숫자를 모두 기억할 수 없으며, 작업 도중 이를 매번 확인하기란 여간 힘든 상황이 아니었다. 이에 따라 묶음별로 수치를 크게 적어두어 작업 시 한번만 확인할 수 있도록 표시하여 일의 수월성을 높이고 있었다.

Garfinkel과 Sacks(1970)는 실제 엔진의 작동방식을 익히기 위해 플라스틱 엔진을 가지고 학습하는 학생들의 상황에 관해 어떻게 '모형(mock-up)'이 실제 상황을 보여줄 수 있는지 설명한 바 있다. 그들에 따르면, 모형은 실제 대상의 '허위 조작물'이지만 실제 상황에서 보여주고자 하는 것, 즉 연관성의 핵심을 반영한다. 그리고 모형을 보고 있는 사용자의 맥락이 실제적 행위를 이끄는 만큼, 그 모형은 대상의 사실성에 대한 회의나 의심은 유보한 채 팩트(fact)의 권위를 부여받게 되어 있다(Zaunbrecher, 2012).

그들이 지적하고자 하는 바는 우리가 보는 것이 사물 그 자체가 아닌 그 사물에 부여되는 설명가능성(accountability), 즉 어떻게 작동되는지 그리고 그것이 무엇을 의미하는지라는 점이다. 장인과 주문자가 설계도 또는 모형을 놓고 이어나가는 대화 내용을 살펴보면, 설계도와 모형을 가지고 온 주문자의 의도대로 상황이 만들어지는 것이 아니었다. 완성된 설계도의 핵심은 이 문제를 운용해나가는 사용자로서 장인과 주문자의 합의와 조율로 새로운 상황 운용 방식이 만들어졌다는 것이다(Moerman & Sacks, 1988).

Scribner(1984)는 숙련된 실천적 탐구는 문제해결뿐만 아니라 문제의 형성도 포함한다고 설명한다. 능숙하게 실천적으로 문제를 해결한다는 것은 마주한 문제를 적절하게 형성하거나 재정의하는 능력에 달려있다. 문제의 상황을 어떻게 인식하고 어떻게 재구성하는지는 문제의 난이도와 문제를 해결하기 위한 방식을 결정하는데 매우 중대한 변수로 작용한다. 문제가 놓인 상황을 둘러싼 여러 맥락적 요인들을 동원해 좀 더 쉽게 처리할 수 있는 문제로 문제 상황을 재구성하는 것, 그것은 문제해결을 위한 잔꾀나 요행으로 여겨질지 모르지만, 문제란 결국 상황과 별개로 존재할 수 없다는 사실을 이해한다면 그것은 결코 문제의 본질을 벗어난 부차적인 행위만은 아닐 것이다.

3. 측정의 기예와 오차 범위

흔히 장인 작업은 정확성을 담보할 것이라 생각하기 쉽다. 일을 잘 하고 물건을 잘 만든다는 것은 설계도에 제시되어 있는 물건의 수치나 모양을 정확하게 구현해 내었다는 뜻도 포함되어 있기 때문이다. 그러나 실제 현장에서 정확성을 구현해 내는 방법은 우리가 생각하는 것과는 사뭇 달랐다.

강인내 장인의 작업장에서 서랍장 만들기를 관찰하던 날, 우리가 생각하던 상식이 장인의 작업에서는 다른 개념으로 읽혀지고 있음을 확인할 수 있었다. 장인은 4단 서랍장을 만드는 중이었는데, 서랍장의 한 단, 한 단 아귀를 맞추느라 고심하고 있었다. 장인은 줄자로 전체 길이를 재어본 후, 한 단의 길이를 연필로 표시해 두었다. 다음으로 작은 나무토막 하나를 가지고 와 연필 자국에 갖다 대며 위아래로 위치를 여러 번 조정해 나가기 시작하였다.

[그림 V-3] 감으로 서랍 단을 맞춰나가는 모습

언뜻 보기에는 전체 길이를 4 등분한 후 재단한 나무판자를 붙이면 간단히 해결되는 일인 것 같은데 왜 일이 빠르게 진행되지 않는지 알 수가 없었다. 장인도 일이 잘 풀리지 않는지 "아, 이게 또 안 맞네."라며 하던 일을 멈추었다. 그 틈을 빌려 필자는 보는 내내 궁금했던 질문을 건넸다.

연구자 : 전체 길이를 4등분 해서 붙이면 될 것 같은데, 아닌가 봐요?
장　인 : (웃으며) 그게 그럴 것 같죠? 이게 실제로 붙이고 나면 연필 선의 1mm 오차에도 맞지가 않아요. 1mm 틀리면 4개니깐 4mm가 틀려버리잖아요.
연구자 : 그럼, 어떻게 정확하게 크기를 맞추는 거예요?
장　인 : 그래서 이렇게 나무판을 대보면서 대충 맞춰보는 거예요. 감으로 맞춰서 바로 박으려는 거예요.
연구자 : 근데 감으로 하다가 안 맞으면 어떻게 해요?
장　인 : (미소를 띠며) 그럼 다시 해야죠. 이게 어렵죠?
연구자 : 자로 재서 하는 것보다 감으로 하시는 게 더 정확하게 맞을 때가 많아서 이렇게 하시는 거죠?
장　인 : 그렇죠. 그럴 때가 있어요. (만들던 서랍장을 가리키며) 보세요. 이렇게 맞잖아요.

장인은 나무토막을 기준으로 세워 서랍장이 들어갈 단의 위치를 잡아 나갔다. 4개의 서랍이 들어가야 함으로 각 단의 공간을 잡아줘야 하는 것이었다. 실제로 각각의 크기를 재어보면 완전히 똑같지가 않았다. 0.1mm 정도의 아주 미미한 수치의 차이가 있음을 볼 수 있었다. 이에 따라 각 단의 길이 차에 따라 나무토막을 조금씩 조정해 가면서 한 단의 크기를 조율해 가는 것이 필요했다. 각각의 크기 차이보다 더 중요한 것은 서랍장이 들어갈 공간과 서랍장의 크기가 잘 맞아야 하는 것이었다. 그렇다고 그 차이가 육안으로 확인될 만큼 큰 것은 아니었다. 자로 재어봐야 확인할 수 있을 정도의 미세한 차이였다.

이 상황에서도 나무막대가 자보다 더 정확한 상황적 계산 도구가 되어 수치를 맞춰나갔다. 자로 일일이 재서 연필로 표시해 둘 때마다 약간씩 생겨나는 오차를 막기 위해서였다. 더불어 행동 절차를 간소화함으로써 다음 행위 결과가 이전 행위 결과에 미칠 영향을 조금 더 명확하게 볼 수 있는 이점이 있었다. 나무막대를 넣어 사이즈가 맞지 않으면 바로 수정할 수 있었기 때문이다.

이는 Lave(1977)의 연구에서 석고보드를 계량용으로 사용하는 목수의 작업방식이나 Gladwin(1970)의 연구에서 배를 만들기 위해 카누의 선체를 자로 활용하는 플라와트 섬의 장인의 예에서도 드러난다. 즉, 숫자에 의한 추상적 연산 과정을 상황적 도구를 활용하여 평범한 일상의 조작으로 바꾸어 놓는다는 점에서 같은 맥락으로 이해할 수 있을 것이다.

앞서 손의 균형을 이야기하면서 ○○소에서 샀던 서랍장에 대한 사례를 소개한 바 있다. 저렴한 가격에 디자인도 나쁘지 않았던 이 서랍장은 서랍장 아귀가 맞지 않아 열고 닫기가 여간 힘든 게 아니었다. 너무 빡빡해서 잘 열리지 않던 이 서랍장이 장인이 만든 물건과 어떻게 다른지 확인되는 순간이었다. 장인의 작업에는 연필 자국의 1mm 오차가 전체 물건의 형태와 쓰임에 어떠한 영향을 주는지까지 고려되어 있었다. 더불어 자로 수치를 재어 만드는 것이 오히려 정확성을 떨어뜨리는 행위가 될 수 있음을 발견할 수 있었다. 즉, 서랍장 만들기라는 하나의 상황에서도 우리가 고려하지 못한 새로운 변수들이 자리 잡고 있음을 확인할 수 있었다. 오히려 자로 잴 수 없을 만큼의 미묘한 크기와 공간은 장인의 눈과 손에 익은 감(感)을 통해 더욱더 정확하게 구현되고 있었던 것이다.

여기서 물건을 대함에 있어 물건을 만드는 이와 쓰는 이의 태도가 어떻게 달라질 수 있는지 생각해 볼 수 있다. 일반적으로 만드는 이는 설계도면에 그려진 수치 하나하나에 집착할 수 있다. 그 수치 하나하나의 정확성이 모여 전체 물건의 정확성을 구현해 낼 테니깐 말이다. 반면 쓰는 이는 물건의 전체 균형과 사용에 불편함이 없는가에 집중되어 있다. 서랍장의 경우에도 전체 크기와 모양은 완벽한데 서랍장이 잘 열리지 않는다면 쓰는 사람의 입장에서 여간 불편한 일이 아닐 테고 제품에 대한 만족도는 현저히 떨어지게 될 것이다. 그렇다면 어떻게 만들어야 정확성을 담보할 수 있는 것인가? 다음의 사례를 통해 정확성이 어떻게 구현되는지 자세히 들여다보고자 한다.

<상황 3>은 건축모형물 제작을 주문했던 고객이 얇은 나무판 몇 개가 필요하다고 하자 장인이 샘플로 이를 만들어 보여주는 장면이다. 1mm 정도의 아주 얇은 두께로 나무판을 자르는 과정인데, 절단기 칼의 두께를 고려한다면 1mm의 크기를 정확히 재서 자른다는 게 거의 불가능한 일이다. 다음의 대화 상황을 통해 고객과 장인이 어떻게 정확성에 대한 합의에 이를 수 있었는지 자세히 살펴보자.

<상황 6 : 1mm 두께의 나무판 자르기>

주문자 : 혹시 사장님 요거, 요 위에 있잖아요. 그걸 1mm짜리로 해가지고 이렇게 넓게 판을 하나 만들어주실 수 있으세요?

장　인 : 1mm는 못 배겨 날텐데……. 부러져서 나무는.

주문자 : 아니요. 만들기만 하면 그거를 칼로 저희가 필요한 데를 잘라가지고 모양을 낼 때…….

장　인 : 크기는?

주문자 : 크기는 저희가 (스티로폼 모형을 가리키며) 요고, 요거, 요거.

장　인 : 1mm로 자르면 휘청휘청해서. (작업대를 바라보며) 한번 잘라 보여드릴까요? 어떻게 해서 나오는가?

주문자 : 네네.

장　인 : (자리에서 일어나 재단기 앞으로 이동한다. 장인은 적당한 나무를 고르기 시작한다. 세워져 있던 나무 중 얇고 넓은 나무판을 들고 재단기 앞에 선다.)

주문자 : (장인이 든 나무판을 보며) 좀 더 단단한 나무는 없어요?

장　인 : 단단한 건 좀 진한 나무밖에 없는데, 관계없어요?

주문자 : 진한 것도 괜찮아요.

장　인 : (단단한 나무를 찾으러 다시 자리를 이동한다. 좀 더 단단한 재질의 나무를 건네며) 이 정도는 어때요?

주문자 : (장인이 건넨 나무를 살펴보며) 네. 그냥 이거 자체가 건축물 모양이 나와야 되니깐.

장　인 : (주문자에게 건넨 나무를 다시 받아 절단기 앞으로 이동한다.)

주문자 : 그래서 1mm 정도면 쇠자 대고서 칼로 자르면 쉽게 잘라지잖아요.

장　인 : (입가에 미소를 띠며) 그게 쉽지 않을걸요. 이게 꽤 단단한 거라.(자를 나무를 절단기 상판 위에 올려놓은 후, 눈금자로 대략 1mm 정도가 되게 자리를 맞춘다. 절단기의 전원을 켜고 왼손으로 나무판을 밀며 톱날 가까이 대어 나간다. 나무판의 표면이 매끄럽지 않아 1차적으로 표면을 다듬은 후 다시 한번 줄자 눈금을 맞춰 나간다.) 감으로 그냥 잘라보는 거예요, 감으로. 이거는 어떻게 이쪽으로 자를 수가 없어요.

주문자 : 네.

장 인 : (다시 한번 나무판을 밀며) 이거 1mm 넘겠는데? (잘라진 나무판자를 주문자에게 건넨다.)

주문자 : (장인이 건넨 나무판자를 받아 보며) 조금 넘어도 상관없어요. (나무판자를 이리저리 돌려보며) 1mm는 조금 넘겠다. 조금만 더 얇게 안 될까요?

장 인 : (나무판을 절단기 위에 올려놓고 눈금자를 좀 더 얇은 두께가 되게 세심하게 맞춰 본다. 전원을 켜고 다시 한번 톱날에 나무판을 대어 잘라낸 후 잘린 나무판자를 주문자에게 건넨다.)

주문자 : (장인이 건넨 나무판자를 손에 쥐자마자 엄지손가락을 치켜올리며 미소 띤 얼굴로) 오우!

장 인 : 이게 이 정도면 돼요?

주문자 : 네.

장 인 : (주문자의 만족스런 반응에 절단기 전원을 끈다.)

위 상황은 1mm 두께로 나무판을 샘플로 잘라보는 과정에서 오고 간 대화 상황이다. 장인은 1mm 정도의 두께로 잘랐을 때 약해서 금방 부러질 수 있음을 말한다. 주문자는 "쇠자" 즉, 커터칼로 필요한 부분을 잘라 쓰는 용도라 괜찮다고 한다. 그리고 크기에 대한 장인의 질문에 스티로폼 모형을 가리키며 이와 동일한 크기로 잘라 쓸 것임을 알려준다.

주문자와의 대화를 통해 재단할 나무판의 용도를 이해한 장인은 얇고 넓은 나무판을 들고 재단기 앞에 선다. 이를 지켜본 주문자는 앞서 장인이 너무 얇아 부러질 수 있다는 말에 좀 더 단단한 나무가 없는지 물어본다. 단단한 재질의 나무는 진한 색상밖에 없었기에 장인은 이 또한 괜찮은지 주문에게 물어본다. 주문자는 건축물 모양이 나와야 하기에 나무결이 살아있는 진한 색상의 나무가 오히려 더 적합하다는 의미를 드러낸다.

그러나 장인이 처음부터 조금 무른 나무판을 선택했던 이유는 주문자가 커터칼로 직접 잘라 쓸 것이라는 의도를 드러냈기 때문이다. 단단한 나무판으로 바꾼 뒤 진행된 대화에서 주문자가 "1mm 정도면 쇠자 대고서 칼로 자르면 쉽게 잘라지잖아요."라고 말하자, 미소를 띠며 "그게 쉽지 않을걸요. 이게 꽤 단단한 거라."라고 말하는 장인의 대답을 통해 이를 추측해 볼 수 있다. 장인은 커터칼이 들어갈 만한 나무 강도가 어느 정도 되는지 이미 알고 있었기에 주문자의 요구에 적당한 나무판을 선택해서 들고 온 것이었다. 그러나 주문자는 1mm는 아주 얇은 두께임으로 단단한 나무라 하더라도 쉽게 자를 수 있다고 생각한 것이었다. 건축모형 제작에서는 주로 스티로폼을 사용함에 따라 나무의 종류에 따라 그 강도가 얼마나 되는지 주문자는 전혀 알지 못한 상황이었다.

이처럼 장인과 주문자의 대화 상황은 서로의 의도를 이해하는 과정 안에 있었으며, 장인의 행동은 주문자의 이전 말에 대한 결과의 반응이었고, 주문자 역시도 장인의 말과 행동에 자신의 의도를 맞춰 나가고 있는 상황이었다. 나무판을 자르기 전의 대화 상황이었지만 이러한 과정이 실제 나무판을 자르는 행위에 영향을 주지 않는 게 아니었다. 나무판을 선택하는 과정에서부터 오고 간 대화들은 앞으로 하게 될 작업의 방해 요인을 충분히 고려할 수 있는 맥락을 만들어주었다.

이후 장인은 "감으로 그냥 잘라보는 거예요."라고 말하며, 이렇게 얇은 두께로 자르기는 일이 힘든 작업임을 알려준다. 절단기는 톱날도 두껍고 자를 위치에 바짝 붙여 자른다 할지라도 1mm 정도의 오차가 생기기 마련이다. 1mm라는 수치를 정확하게 구현해 내기가 여간 어려운 일이 아니다. 장인은 1차적으로 자른 나무판자를 주문자에게 건네며 육안으로 보기에도 1mm가 넘을 것임을 말한다. 주문자 역시도 1mm를 정확하게 자르기가 힘들다는 것에 동의한 듯, 사이즈가 조금 더 넘어도 상관없다고 한다. 그러나 실제로 받아본 나무판자를 보며 자신이 생각한 오차 범위를 넘어섰는지 조금 더 얇게 잘라 줄 것을 부탁한다. 장인은 처음에 맞춰놓은 눈금자를 조금 더 앞으로 당겨 미세하게 사이즈를 조절해 나간다. 그리고 다시 한번 재단기를 켜고 나무판을 잘라본다. 주문자는 이번에 잘린 나무판자는 자신이 원했던 두께에 적합했는지 보자마자 엄지손가락을 치켜올리며 만족한 반응을 보인다.

실제로 잘린 나무판을 재어보니 1mm가 조금 넘는 상황이었다. 그러나 주문자는 자로 재어보는 확인 절차 없이 나무판을 보자마자 자신이 원한 사이즈가 맞다는 반응을 보였다. 이는 1mm라는 수치의 정확성이 정교한 수학적 측정의 적용에 기준하는 것이 아닌, 당사자가 생각하고 있는 이미지에 얼마나 부합하는지가 기준이 됨을 보여주는 사례이다. 더불어 정확성 마저도 처해진 상황 안에서의 다양한 변수와 맥락을 고려하여 서로가 합의에 도달한 결과물임을 확인해 볼 수 있다.

수치의 측정이나 활용이 단순히 지식의 적용이 아니라는 사실은 전문가의 일상적 문제해결과정 속에서도 찾아볼 수 있다(조현영, 2015). 전문가들이 문제를 해결하는 방식을 자세히 들여다보면 여기에는 이론적 측면은 아주 일부이고, 오히려 우리의 상식적 지식 또는 통상적인 의도가 더 많이 관여되고 있다는 사실을 알 수 있다.

예를 들어, 검사와 피고인의 심문 상황에서 사용하는 발화 방식은 피고인의 범죄 사실에 대한 객관적 확인 절차의 의미만이 아닌, 그와 관계된 다양한 상황적 맥락, 피고인의 의도와 심리 상태 등이 복합적으로 고려된 것이다(Lynch, 1991). 또한, 의사의 문진 과정(Arminen, 2005)과 약국에서의 조제 과정(조현영, 2015)도 의학적 지식에 근거한 매우 과학적이고 정교한 수학적 측정이 적용된 결과 생각하기 쉽지만, 매우 상황 맥락적으로 이루어지는 실제적인 행위 과정이다. 특히 약국의 조제 과정에서 실제 투약 양을 지도할 때에는 소수점 단위를 반올림하여 정수 단위로 간소화시켜 안내하기도 한다. 이는 정교하게 시럽의 양을 측정할 수 없는 현실적인 한계 때문이기도 하지만, 사실상 그 정도의 용량 차이가 실제 약의 효과나 부작용에 영향을 줄 만큼 중대하지 않다고 결정한 약사의 판단에 따른 결과이기도 하다.

이렇게 본다면 정확성의 판단은 오히려 과학적이고 정교한 수학적 측정의 적용에 기준하는 것이 아닌 상황을 반영한 사물의 전체적인 균형에 있음이다(Lynch, 1993). 사람의 손으로 만드는 물건은 하나하나의 수치를 측정해서 부분을 만들어내더라도 0.01mm의 오차 범위가 생기기 마련이다. 이 오차 범위는 부분의 결합이 많아질수록 커질 것이다. 장인의 감으로 만들어내는 물건이 오히려 더 정교하고 정확할 수 있는 이유는 이러한 부분들을 고려하여 손과 눈의 협응을 통한 전체적인 균형을 맞춰나갈 수 있기 때문이다.

우리는 흔히 부분의 합이 전체를 이룬다고 생각한다. 이것은 분절화된 지식을 습득함으로써 전체적인 맥락을 이해할 수 있다는 학습관과 맥을 같이 한다(Rose, 2015). 그러나 실제 현실 세계는 각각의 부분이라는 것도 단 하나의 전체라는 것도 존재할 수 없는 매우 복합적이고 유기적인 관계 속에 놓여있다. 이러한 관점에서 오늘날 다시 장인성에 주목하는 이유를 짐작해 볼 수 있다. 장인의 솜씨가 빛을 발하는 것은 수치의 정확도를 구현해 내는 것이 아닌 각 과정에서 드러난 오차의 범위를 최대한 줄이고 전체 모형에서 드러나는 균형감을 실현시킬 수 있는 역량에서 비롯되는 것임을 이번 사례를 통해 확인할 수 있다.

VI. 숙달의 정체성

노동하는 사람은 자신의 노력에 의해 변화되어온 세계에서 자신의 산물을 알아본다. 그는 그 산물에서 자신을 인식하고 그것에서 자신의 인간적인 실체를 이해한다. 그는 자신의 산물에서 자신의 인간성과, 자신에 대해 생각하는 가장 추상적이고 완전히 주관적인 관념의 객관적인 실체를 발견하고 다른 사람들에게 그것을 표출한다.
– 알렉상드르 코제브

이 책에서는 장인이 하고 있는 일의 과정을 이해하는 데 있어서 장인의 내면에서 일어나는 일보다는 그 바깥의 영역에서 일어나는 일들을 살피고자 하였다. 숙달과 관련하여 일의 현장에서 그때그때의 조건들을 어떻게 조정, 배치시키고 주어진 상황에서 이를 어떻게 맥락화하는지, 그리하여 어떻게 기술의 효율성을 높이고 작업을 진행해 나가는지 볼 수 있었다.

숙달된 경험은 누구나 공유할 수 있는 보편성을 내재하고 있으면서도 그에 관여하는 개개인 각자의 스타일이 드러날 수밖에 없다. 숙달된 상태에 도달하기 위해서는 끊임없는 반복과 연습, 낯선 것을 익숙한 것으로 만드는 실천이 필요하다. 반복된 행위는 자신의 지식을 보다 체계화시키고 패턴화하여 능숙함과 직관을 가능하게 만들어준다.

그러나 여기서 말하고자 하는 숙달은 능숙함을 포함한 기능적 숙달 상태를 넘어 끊임없이 발전해 나가는 유동적이고 확장적인 개념이다. 개인의 정체성이 일생을 통해 지속적으로 형성된다(Wenger, 1998)고 볼 때, 숙달 역시도 개인의 삶과 역량 안에서 향상되고 발전되어 나간다고 볼 수 있을 것이다. 이런 점에서 숙달은 한 개인의 역량 안에 존재한다. 숙달이라는 경험의 상태가 이에 관여하는 주체인 개인을 떠나 자립할 수 없는 이유이기도 하다. 개인의 역량은 자신을 둘러싼 생활세계 속에서 다양한 경험을 통해 획득되며 이러한 역량은 끊임없이 자신을 성장시켜 나가는 기제가 되기도 한다.

Korn(2013)은 자아의식을 외부 환경, 특히 다른 사람의 믿음에 영향을 받아 요동치는 생각과 감정으로 구성된 것으로 보았다. 그는 장인이 되려면 자신이 땀 흘리며 걷고 있는 길로 다른 사람을 초대해야 한다고 언급하였다. 작업장에서 생산된 물건은 세상에 나가 사람들에게 자신을 알리는 메신저이고 그것은 자신의 직업과 능력에 대한 사람들의 믿음에 기초해 있다는 것이다. 이에 근거해 보면 장인이 만든 물건은 장인의 생각과 감정, 감각과 실천, 스타일이 고스란히 담긴 결정체라고 볼 수 있을 것이다.

한편, 정체성(identity)은 반복되는 생활방식을 통해 연속적으로 도출되고 형성되는 존재의 양상을 의미하는 개념이다(Wenger, 1998). 이러한 관점에서 이 연구에서는 숙달이 인격적 속성을 띠고 있는 인간의 정체성과 닮았다는 점을 나타내기 위해 '숙달의 정체성'이라는 표현을 사용하였다. 즉, 한 개인의 숙련된 수준으로써의 기능적 역량과 더불어 그를 둘러싼 생활세계 속에서 상호작용하며 자신만의 독특한 삶의 양상(life style)을 구현하고 있는 것을 숙달의 정체성이라 정의할 수 있을 것이다. 다음에서는 이를 좀 더 구체적으로 들여다보기 위해 앞서 분석한 사례를 바탕으로 숙달의 정체성이 어떻게 만들어지며 드러나고 있는지 살펴보고자 한다.

1. 구조화된 일상

문명은 사람의 사는 일에 일정한 안정된 형태를 부여하였다. 또는 사람들은 그렇다고 생각하고자 한다. 확실한 것은 어떤 안정된 질서가 없이는 제대로 사람이 살아갈 수 없다는 것이다. 살 만한 삶의 질서를 만들더라도, 문제는 범위를 어떻게 정하느냐에 따라 상당히 달라진다. 삶의 위기는 그 질서가 지금의 조건에서 우리 자신의 통괄할 수 있는 범위를 넘어가 있다는 것을 말해준다. 삶의 질서는 실천의 관점에서는 물론, 사유의 관점에서도 그것을 송두리째 포착하는 것은 불가능한 듯하나, 가능한 것을 그때그때의 좁은 지역에서 제한된 의미의 인간적 질서로 잠깐 동안 유지할 수 있는 것인지 모른다(김우창, 2014).

일상이 일상적으로 느껴지는 것은 자신이 통제할 수 있는 범위 안에서 만들어낸 일정한 질서에 의해서이다. 안정이라는 것은 우리의 일상을 더욱 풍요롭게 만들어주는 기제로 작용하기도 한다. 새로운 것을 받아들일 때 우리는 늘 불안에 휩싸이게 되는데, 일상은 이런 불안을 받아들일 수 있는 토대를 마련해 준다. 따라서 장인의 일이 일상이 되었다는 것은 그가 몸 담고 있는 작업장의 공간과 시간 그리고 작업 질서가 그가 통제할 수 있는 범위 안으로 구조화되었음을 의미한다. 그리고 이러한 구조화는 감(感)의 확장을 통해 가능한 것임을 확인할 수 있었다.

앞서 장인의 작업장과 일을 들여다보면서 '감(感)'이라는 용어를 자주 사용하였다. 암묵지라는 용어 대신 느낌, 감각, 지각이란 뜻을 담고 있는 이 '감(感)'이란 용어를 사용한 이유는 우리가 일상생활 속에서 흔히 사용하며 접하는 단어이기 때문이었다. '감(感) 잡았어'라는 말처럼 우리가 하고 있는 많은 부분에서 자연스럽게 감(感)을 획득해 나가고 있으며, 이러한 감(感)의 확장을 통해 자신을 둘러싼 생활세계의 질서를 확립해 나가고 있는 것이다. 목공장인의 숙달된 행위 역시도 작업장이 주는 장소감, 그 공간 안에서의 시간감, 일을 진행할 때의 신체감과 객체감 등을 통해 자연스럽게 작업 질서가 형성되고 불필요한 행위와 애씀을 줄일 수 있는 조건을 만들어나갔다.

먼저 장인의 작업장을 시간과 공간으로 나누어 살펴봄으로써 작업장의 시간이 물리적 개념에 따라 진행되는 것이 아니며 공간의 배치가 작업 내용과 무관하지 않음을 보았다. 작업장에서의 시간은 장인의 의식적 흐름과 상황적 변수에 따라 매일매일 새롭게 써가는 서사의 과정이었다. 특히 장인이 하루 일과표에서 생략했던 시간들을 분석해 봄으로써, 잠시 멈춰 있던 그 시간들이 의식의 흐름 안에서는 늘 진행 과정임을 보았다. 그 시간들은 때로는 시야를 확장할 수 있는 계기를 마련해 주기도 했으며, 복잡한 문제를 제대로 인식할 수 있게 기회를 제공해 주기도 하였다. 즉. 멈춤을 통해 시간적 여유를 가진다는 것은 문제를 새롭게 인식할 수 있는 새로운 세계와의 만남인 것이다(Dimon, 2003). 장인의 일과를 중심으로 작업장의 하루를 살펴본 결과 실제 일이 진행되는 것은 절대적 시간의 흐름이 아닌 개인의 시간 안에서 이를 조율할 수 있는 능력이 중요함을 발견할 수 있었다. 작업장 안에서의 시간은 장인의 내부적 요인과 외부적 요인을 조율해 나가는 맥락 안에서 의미 있게 흘러나가는 시간이었다. 이러한 시간감은 일의 순서와 경중을 판단하여 진행시켜 나갈 수 있는 기준을 마련해 주었으며, 다음 상황을 예측할 수 없는 작업장에 안정감을 가져다주는 요인이 되기도 하였다.

반면, 작업장의 공간은 장인의 작업을 보다 편리하고 효율적으로 만들어주는 조건으로 작용하였다. 작업 공간을 만들어나가는 장인의 의식은 평면적인 것이 아닌 3차원의 입체적인 사고에 바탕을 두고 있었다. 두 공간으로 나뉘어 있던 벽을 허물어 하나의 공간으로 만들고, 긴 목재를 보관하기 위해 천정을 뚫는 등의 행위는 주어진 공간에 맞춰 작업을 만들어나가는 것이 아닌 작업 내용에 맞춰 공간을 자발적으로 변화시켜 나가는 것이었다. 이는 장인이 하는 일의 성격과도 무관하지 않은 것이었다. 목공에서 만드는 일은 2차원의 평면적 설계도를 바탕으로 3차원의 입체적 사물을 만들어내는 일이기 때문이다. 평면적인 것을 입체적으로 구현해 내려면 공간에 대한 인지력이 필요하며, 사물이 완성되기 이전에 머릿속에서 이미 이 사물에 대한 입체적 형상이 그려져야 한다. 이러한 일에 익숙한 장인이었기에 공간을 바라볼 때에도 평면적으로 인식하기보다는 일의 성격에 따라 작업장을 입체적으로 바라봄으로써 변형을 꾀할 수 있었던 것이다. 더불어 작업장의 배치와 각 공간에 놓여있는 사소한 물건들의 위치까지도 장인의 작업에 영향을 주고 있었다. 작업 과정에 따라 분할된 공간들과 그 과정에 필요한 물건들이 장인의 작업 동선을 충분히 고려한 위치에 놓여 있었으며, 필요시 손을 뻗으면 닿을 자리에 놓여있음으로써 불필요한 행위를 줄이고 다음 행위로 자연스럽게 이어갈 수 있는 동력을 마련해 주었다.

초보자와 숙달자와의 차이는 자연스러운 정도의 차이로 비교해 볼 수 있다. 초보자는 행위 과정에 있어 중간중간 끊기는 구간이 자주 드러

난다. 이전 행위와 다음 행위 간의 연결이 부자연스러워 보이는 이유이기도 하다. 반면 숙달자는 문제 상황을 빠르고 막힘없이 정확하게 처리해나가는 것을 볼 수 있다. 숙달자는 일일이 깊이 생각하지 않아도 필요한 행동을 필요한 순간 자연스럽게 할 수 있다. 이것을 인지과학에서는 '스킬의 자동화'라고 한다. 굳이 의식을 기울이지 않고도 필요한 것을 암묵적인 배경으로 할 수 있게 되는 것이다(今井むつみ, 2016). 즉, 숙달자가 지닌 빠르고 자연스러운 행위 안에는 감(感)의 확장을 통해 습관화되고 일상화된 과정이 숨어 있다. 머리와 손이 따로 노는 것처럼 그들에게 체화되어 있는 기술들은 이미 생각과 판단의 단계를 거치지 않고 자연스럽게 이어지는 행위 동작들이다(Clark, 2003).

목공에서 무의식적 행위가 가장 두드러지게 드러나는 작업 과정 중의 하나는 재단 작업이었다. 반복적인 동작이 가장 많은 과정이기 때문에 기계적인 행위로 작업 속도를 높일 수 있는 과정이기도 했다. 사이즈를 재고 확인할 때에만 신중히 주의를 기울일 뿐, 같은 사이즈로 목재를 재단할 때에는 아주 빠른 속도로 무의식적인 상태에서 일이 진행되는 모습을 확인할 수 있었다. 장인의 행위는 마치 동작의 순서가 정해져 있는 듯 리듬을 형성해 나가는 것을 볼 수 있었다. 재단 작업이 시작되었을 때보다 두 번째, 세 번째 재단 작업이 진행될 때 장인의 손에 붙은 속도감을 느낄 수 있었다. 게다가 절단기라는 위험한 도구를 사용하는 일임에도 불구하고 이러한 무의식적 작업이 가능하다는 사실이 놀라울 뿐이었다. 절단기는 초보자가 사용할 경우, 기계의 힘과 목재가 잘려나가면서 튕기는 힘에 의해 잠시라도 방심할 경우 큰 사고로 이어질 수 있다. 그러나 목공 일의 대부분이 위험한 도구를 다루는 작업의 연속이기에 매 순간 신경을 곤두세우고 주의를 기울여야 한다면 일이 순조롭게 진행되기 어려울 것이다. 주문자의 요구에 따라 매번 다른 물건을 만들어내야 하는 장인이지만, 재단 작업만큼은 늘 같은 원리와 행위로 이뤄지는 일이기에 그 상황 안에서 장인의 신체는 기억된 동작들이 바탕이 되어 자동화된 움직임을 보이는 것이었다.

인간은 실시간에 가깝게 정보처리를 하고 있다. 하지만 의식적으로 주의를 기울이면서 처리할 수 있는 계산량에는 한계가 있다. 따라서 의식적인 주의를 기울이지 않고 백그라운드로 하는 일이 많아진다면 정말로 필요한 일에만 주의를 집중시킬 수 있다. 이것이 좋은 퍼포먼스를 위한 철칙이다(이마이무쓰미, 2016).

이렇듯 숙달은 애씀을 줄이는 행위 상태로 일상화되고 보편화된 행동 양상이라 말할 수 있을 것이다. 장인의 숙달된 행위가 가능하기 위해서는 이를 둘러싼 조건을 최대한 자기 맥락 안으로 끌어들여야 함을 의미한다. 작업장 안에서의 애씀을 줄이기 위해 공간을 작업 순서와 작업 내용에 맞게 재구조화하고 그와 관계되는 각종 도구들의 배치와 형태까지도 조율하고 변형하는 모습을 확인하였다. 반면 애씀 없는 행위는 몸의 반사작용 기능을 방해하지 않으면서 이 복합적인 움직임들을 하나씩 조율해 나가는 방법을 터득해 나가는 것이었다. 높은 수준의 기술 숙달에 이르는 방법은 어떤 활동을 하는데 불필요한 몸의 다른 부분들이 온전히 이완된 상태로 있을 때 가장 높은 수준의 기술 숙달에 이르게 된다. 기술을 숙련된 방식으로 수행하기 위해 필요한 조건은 고도의 기교가 아니라 오히려 불필요한 움직임을 피하는 경제적인 노력인 것이다(Dimon, 2003).

장인의 작업 행위는 애씀이 없는 자연스러운 과정으로 자신의 신체를 자유자재로 제어할 수 있는 방법을 터득했음을 보여준다. 더불어 직업으로써의 일이 숙달의 과정으로 이어질 수 있는 이유는 경제적인 보상과 성과가 따라오는 중요한 환경을 만들어주기 때문이다. 목공을 취미로 하는 사람들과 달리 목공을 직업으로 가진 사람들이 전문가로 나아갈 수 있는 가능성이 큰 이유는 그들이 만들어 놓은 일상적 작업 환경 자체가 지성적으로 배울 수 있는 장이 되어 주기 때문이다.

2. 사물의식

목공예가이자 메인주 록포트 가구 공예 학교의 창립자 겸 경영자인 Korn(2013)은 자신의 저서에서 장인은 사물을 통해 자신을 표현하며 사물을 통해 고객과 소통하며, 재료와 기술을 의미의 원천으로 삼는다고 하였다. 모든 재료에는 독특한 물질적 특성이 있고, 이러한 물성은 재료를 다루는 자의 작업방식을 결정한다. 앞서 목재의 종류에 따라 색과 결, 강도, 밀도 등이 다르기 때문에 좋은 목재를 고르는 일이 매우 중요함을 보았다. 같은 종류의 나무라 할지라도 수분을 머금은 정도가 다르고 결이 달라 사용할 수 있는 조건에 맞게 건조시키거나 대패질로 표면을 매끄럽게 다듬어 놓았다. 반면 완전히 건조된 나무들은 더 이상의 수분 손실을 막기 위해 비닐로 싸놓기도 했다.

이것은 자신이 다룰 재료를 가장 효율적인 방식으로 다루기 위함이었다. 목재마다 가지고 있는 특징과 성질을 활용하여 장인은 작업 행위의 방향과 힘의 강도를 조절하게 된다. 시간이 지나면서 장인은 손과 도구에 따른 재료의 반응을 통해 자신이 다룰 재료를 이해하는 법을 배우게 된다. 도구에 변형을 가했다는 것은 단지 자신에게 편리한 방식을 취했음을 의미하지만은 않는다. 그 변형 안에는 도구와 손, 이에 협응하는 눈과 그의 신체가 적절한 힘을 분배하고 조율하면서 몸의 기억으로 습관화되는 태도가 내포되어 있다. 새로운 도구를 손에 익힌다는 것은 끊임없이 사용하고 연습한다는 것이다.

이렇듯 장인의 작업에서 도구의 사용과 활용은 단순히 작업을 수월하게 하기 위한 수단에 머무르는 것이 아닌, 다룰 재료를 온전히 이해하기 위한 연결고리였다. 예를 들어 목간판을 파기 위해 조각칼의 각도를 얼마로 해야 할지, 간판을 잡고 있는 손과 조각칼을 쥐고 있는 손은 어느 정도의 힘의 강도를 줘야 밀리지 않고 균형을 이어갈 수 있는지, 칠의 횟수는 몇 번을 해야 표면이 매끄러우면서 보기 좋은 색상을 표출해 낼 수 있는지, 이때 붓에 묻힐 니스의 양을 어느 정도가 되어야 하는지 등 장인이 사용하는 도구에는 재료의 상태와 성질은 물론 그의 신체적 조건에 대한 이해가 반영되어 있는 동시에 매 상황에 따라 맥락적으로 이를 조율해 나갈 수 있는 역량이 결부된 것이었다.

십자가 모양의 소품을 자르는 과정에서 보여진 장인의 작업 행위 역시도 나무의 성질을 이해하고, 자르는 기계의 원리를 모두 간파한 후에야 나올 수 있는 행동이었다. 장인은 십자가 소품을 자르기 위해 십자가가 그려진 오른쪽 모서리가 아닌 나무판의 정중앙을 중심으로 곡선 모양으로 돌려 들어갔다. 왼손은 나무판을 고정하고 지탱하는 역할을, 오른손으로는 자르는 방향을 향해 돌리고 미는 역할을 하면서 전체의 균형을 맞춰나갔다. 스카시는 위아래 한 방향으로만 움직이는 기계이기에 나무의 두께에 따라 반동의 크기도 달랐다. 장인은 나무판에 톱날을 대어 나가면서 나무의 두께에 따른 톱날의 세기, 속도, 반동 등을 시작점에서부터 느껴나가기 시작했다. 장인의 손은 톱날이 지나갈 방향으로 매끄럽게 나무판을 움직이는 것이 아니었다. 중간중간 톱이 갔던 자리로 다시 돌아왔다가 앞으로 나아가기를 반복하였다. 이러한 자신의 행위를 장인은 다음과 같이 설명했다.

> 이게 어떤 정해진 기준점에 의해서 작업을 하는 것이 아니라 내 손의 감각으로 일을 하다 보면 나무가 다 성질이 틀려요. 나무가 강하면 톱이 내가 오던 힘점에서 조금 이탈하려고 해요. 그럼 그걸 조금 틀어주기 위해서 그 자리에서 틀다 보면 굴곡이 생겨요. 내가 지나왔던 방향으로 약간 탄력을 받아서 그 라인을 타야 하기 때문에 톱이 약간 멈추면 그 뒷 라인을, 우리가 자동차가 구덩이에 빠지면 약간 뒤로 후진을 했다가 탄력을 받아 가듯이 그런 감각이라고 봐야죠. 이게 공식이 없고 느낌으로 하는 거예요. 이게 현대과학하고는 아주 동떨어진 작업이죠(진정성, 2017.11.07. 인터뷰 내용 중).

이처럼 장인은 끊임없이 자신이 대하는 사물과 상호작용하며 자신의 생각이 사물에 전달되어 행위를 만들어나가기도 하지만 사물의 모양과 질감, 강도 등이 장인의 손끝에 전달되어 작업 방향과 방식을 이끌기도 했다. Sennett(2008)은 대상에 몰입하는 물질의식은 세 가지의 핵심적인 양상으로 나타난다고 하였다. 즉 변형과 존재, 의인화다. 변형(metamorphosis)은 작업자의 조치가 바뀔 때마다 바로바로 변화를 주는 것이고, 존재(presence)는 자신이 발 디딘 세계에 객관적인 자기 존재를 표출하는 것이며, 의인화(anthropomorphosis)는 아무 말 없는 물건에 인간의 속성을 부여하는 것이다.

장인이 다루는 목재와 각종 도구들과의 상호작용은 그 과정에서 각각의 존재를 확인하는 시간이며, 대상의 변형은 몰입의 결과로부터 나오는 것임을 확인할 수 있었다. 장인의 작업장과 그의 실기를 관찰하면서 처음의 모습 그대로를 유지하고 있는 것보다 장인의 손을 거쳐 다양한 형태로 변형되어 활용되는 것들이 훨씬 많음을 볼 수 있었다. 장인은 사물을 통해 생각하고 사물과의 소통을 통해 자신의 생각을 사물의 변형으로 표출한다. 따라서 이러한 변형에는 장인의 생각, 즉 정체성이 반영될 수밖에 없다. 더욱이 장인이 각 단계에서 이룰 수 있는 성취는 이전 단계에 쏟아부은 정성만큼이다(Korn, 2013). 그리고 이는 곧 높은 품질을 추구해 나가는 장인성의 구현과정이기도 하다.

사물과 의식이 하나되어 몰입을 경험하는 것은 높은 품질을 구현하는 일이며, 이는 곧 개인의 역량이 될 수 있다. 특히 매개물로서의 도구 사용은 사물과 장인을 이어주는 연결고리로써 장인의 의도를 실현시키는 위임된 역량으로 존재하는 것이다(Latour, 1993).

일반적으로 품질은 밖으로 떠벌리는 광고로 드러날 성질의 것이 아니다. '품질을 추구한다(quality-driven)'는 표현에서 추구한다(driven)라는 말은 무슨 목적을 달성하려는 성취욕만을 뜻하지 않는다. 그것은 본능적인 충동이나 욕구에 이끌리듯, 어떤 물건을 만드는 일이나 기능을 숙달하는 일에 집착하며 강박적으로 쏟아붓는 에너지를 뜻한다(Sennett, 2008). 다시 말해, 이 강박적 에너지는 몰입의 다른 표현으로 볼 수도 있다. 이 같은 몰입의 과정에서 도구와의 관계 맺기는 자기 자신을 들여다볼 수 있는 성찰적 상황을 마련해 준다.

Heidegger(1927)는 도구 연관성을 현상학적으로 분석하였다. 예를 들어 강사가 칠판에 글씨를 쓰다가 "이거 왜 이렇게 잘 안 써지지."라고 말하면서 시험 삼아 분필을 굵고 진하게 써 볼 때, 이때 말해지고 있는 "안 써짐"은 "분필은 희다"라거나 "분필의 무게는 얼마이다" 등처럼 분필을 관찰 속에서 만날 때의 문장들과는 다르다. 분필이 잘 안 써지기 때문에, 즉 분필의 사용에 어떤 불편함이 따르기 때문에 그러한 안 써짐과 불편을 해소하기 위해 분필 자체에 대한 이론적 내지 탐구적 관찰이 촉발되고, 분필 자체의 입자 알갱이의 크기나 견고도 등에 대한 실험적-이론적 접근이 이루어지는 것이다. 그는 인간의 실존을 통해 인간 이외의 다른 모든 존재자가 그것의 존재에서 드러난다는 사실에 주목하였다. 다시 말해 인간의 실존이 다른 존재자들의 드러남의 바탕 내지 근거가 됨을 현상학적으로 제시하려 하였다.

이러한 관점에서 장인이 사용하는 다양한 도구들은 장인의 손을 거쳐 새로운 존재로 재탄생하는 것이다. 심지어 목공의 재료가 되는 목재까지도 장인의 안목에 의해 선택되어 졌을 때는 그것 자체가 장인의 현재 역량을 담고 있는 실체가 되는 것이다. '사스나'라는 나무를 보자마자 좋은 품질이라고 판단한 장인의 사례를 다시 한번 들여다보자.

장인은 목재의 질감과 상태를 보고 이 나무가 기존에 가지고 있던 스트러스와는 다르게 변형이 적게 올 것임을 직감했다. 주문한 나무에 대한 어떠한 사전 지식을 가지고 이 목재를 선택한 것이 아니라 눈과 손에 의한 그의 감각과 직관력으로 이 나무가 좋은 나무임을 판단한 것이었다. 더욱이 장인은 같은 물건일지라도 크기나 장소에 따라 그 나무가 어떻게 변형될 것인가를 예측하고 목재를 선택하였다. 눈앞에 놓인 목재의 상태를 통해 그 나무의 과거와 미래까지도 바라볼 수 있는 안목을 지니고 있었다. 장인의 직감과 안목은 오랜 세월 나무를 만지며 체득한 실천적 지식에 바탕한 것이며, 이는 장인의 실기이자 숙달된 역량이며 장인의 일하는 삶의 과정에서 체화하여 드러나는 행동 습성이자 장인의 몸에 밴 실천 양식이라는 점에서 장인성(匠人性)의 실체로 볼 수 있을 것이다.

3. 자아의 확장과 스타일의 탄생

앞서 '숙달의 정체성'을 정의하면서 '숙달'이라는 용어가 개인의 인격적 속성을 띠고 있는 인간의 정체성과 닮았다는 점에 주목하여, 한 개인의 숙련된 수준으로써의 기능적 역량과 더불어 그를 둘러싼 생활세계 속에서 상호작용하며 자신만의 독특한 삶의 양상, 즉 라이프스타일(lifestyle)을 구현하는 것이라 정의하였다. 숙달이 한 개인이 만들어 놓은 구조화된 일상 속에서 루틴(routine)하게 드러나는 성격이 있으며, 이때 일상적인 실천과 습관은 자신을 둘러싼 환경 안에서 취사 선택을 통해 자리잡게 되는 것임을 확인하였다. 따라서 작업장 안에서 만들어진 장인만의 라이프스타일이 곧 목공장인이 가진 숙달의 실체이며, 장인의 정체성을 드러내는 것이라 말할 수 있을 것이다.

스타일(style)은 주어지는 것을 선택하는 것에서부터 자기화하는 모든 과정에 스며들어 있다. 다시 말해, 장인의 작업장에서 보여진 자기맥락화 과정과 결과는 장인의 스타일을 고스란히 담고 있는 것들이다. 작업장의 시공간을 비롯한 목공에 사용하는 다양한 도구들이 장인의 의식 안에서 새롭게 변형되어 작업의 수월성을 높이고 삶의 질서를 만들어냄을 보았다. 장인을 둘러싼 환경과 더불어 장인이 대하는 사물과 관계하는 사람들과의 상호작용은 상황적 도구를 기반으로 상황을 운용해 나가는 방식을 맥락적으로 조율해 나가는 과정이었다(Lave & Wenger, 1991).

전문가의 일 처리를 보면, 문제가 놓인 상황에서 눈앞의 의도에 맞게 조율되는 방식으로 문제해결과정이 일어난다(Brown, Collins, & Duguid, 1989; Lave, 1988; Resnick, 1988; Suchman, 1987). 따라서 문제해결은 문제의 형성에서 탐구 해결에 이르기까지 당연히 비선형적 절차로 진행된다. 이는 문제해결의 장면이 우리가 살아가는 생활세계의 질서와 따로 떨어져 존재할 수 없기 때문이고, 우리의 행위는 실존적 조건으로써 '지금 여기서'라는 맥락에 둘러싸여 행위를 취할 수밖에 없기 때문이다. 이러한 행위 방식은 상황이 기대하는 바에 맞추어 행위를 하고, 그 결과에 맞추어 다시 반응하는 등의 실천적 행위들로 너무나 당연하게 여겨지는 우리의 자연적 태도들이다. 그리고 우리가 일을 처리해 나갈 때 이론과 실제가 다른 가장 큰 이유이기도 하며, 앞서 살펴본 장인의 업무처리 방식일 뿐만 아니라 우리가 일상의 익숙한 일들을 처리하는 방법이다. 이에 따라 능숙하게 실천적으로 문제를 해결한다는 것은 마주한 문제를 적절하게 형성하거나 재정의하는 능력이라 할 수 있다.

장인이 복잡한 상황을 해결해 나가는 문제해결과정은 자신에게 익숙한 행위를 기반으로 재구조화하여 해결점을 찾아 나간다는 점에 있다. 장인의 작업장에서는 다음에 일어날 일을 예측하기 힘든 상황이었다. 그날그날 들어오는 주문이 다르고, 주문 건마다 제작해야 할 기일이 달랐다. 먼저 들어온 주문의 기한이 꼭 앞선 것이 아니었기 때문에 그때그때 들어오는 주문 일정을 맞추기란 쉽지 않은 상황이었다. 게다가 만드는 제작과정 자체가 장인에게는 늘 새로운 상황과의 대면이었다. 매일 같은 종류, 같은 모양의 물건만을 만든다면야 눈 감도 할 수 있겠지만, 장인에게 들어오는 주문은 다양한 고객의 니즈(needs) 만큼이나 각

양각색의 것들이었다. 그들의 요구를 충분히 반영하면서 자신의 스타일을 녹여내는 것이 장인이 해야 할 중요한 역할 중 하나였다. 이렇듯 변화무쌍한 상황적 변수 앞에서 서로가 합의할만한 수준의 솜씨를 보이기 위해서는 자신에게 익숙한 방식 안에서 그 변화를 수용할 수 있는 유연함이 필요했다. 장인의 숙달된 행위는 이러한 유연함의 기본 틀 안에 있었기 때문에 일상적이면서도 자연스러워 보였던 것이다.

구체적으로 스타일의 차이가 어떻게 드러나는지 두 장인의 작업방식을 통해 다시 한번 들여다보자. 장인이 만드는 많은 물건들(예를 들면, 현판에서부터 서랍장, 테이블, 안내데스크, 문짝, 조각품 등)은 모양과 쓰임은 다르지만 목재를 다루고 가공하는 패턴에는 유사한 점들이 많았다. 그럼에도 불구하고 목가구를 만들기 위해 각 부품을 재단하는 일에서부터 자기 나름의 순서가 있었다. 강인내 장인은 길이가 길고 넓은 부품에서 이와 크기가 같거나 유사한 부품을 한 데 묶어 재단 작업을 진행하는가 하면, 진정성 장인은 하나의 지점에서부터 차례로 연결되는 부분들을 중심으로 재단 작업을 진행하였다. 현판 작업의 칠을 할 때에도 강인내 장인은 다섯 번만 하던 것을 진정성 장인은 여덟 번의 칠이 가장 윤택하고 보기에도 좋다고 표현하였다.

연구자 : 아까 하신 말씀 중에 여덟 번 칠하고 말리고 하신다고 하셨잖아요. 그런데 저희 같은 사람들이 보면 몇 번을 칠하든 구별이 안 될 것 같거든요. 여덟 번을 고집하는 이유가 있나요?

진정성 : 그래야만이 매끄러운 표면이 나타나고 칠의 두께가 안의 나무를 오랫동안 보호해 줄 수 있는 코팅막 역할을 하는 거죠. 칠

도 한도가 있어요. 더 이상 두껍게 하면 유리같은 성격으로 표면 두께가 생겨요. 그래서 충격을 주면 칠이 깨져 버려요. 그래서 적정량 이상으로 많다고 좋은 건 결코 아니죠.

연구자 : 여덟 번이라는 적정 회수는 어떻게 찾아내신 거예요?

진정성 : 주문이 들어오면 보통 다섯, 여섯 번에 끝내보자, 이렇게 해서 제품을 만들어 보면 그것도 제품이 돼요. 그런데 거기서 이게 칠이 좀 얇고 촉감을 좀 더 매끄럽게 해보자, 그래서 한두 번 발라보니 적정선이라는 게 나온 거죠. 아까도 말씀드렸듯이 공식이라는 것은 없는데 일에서 나오는 나만의 방법이 터득되어 나오는 촉감이라고 보면 되죠.

진정성 장인과의 인터뷰에서 확인해 볼 수 있는 듯 여덟 번이라는 칠의 횟수를 고집하는 데는 자신만의 스타일에서 비롯된 결과였다. 사실 결과물만 놓고 봤을 때 진정성 장인의 물건과 강인내 장인의 물건 중 목재의 윤택함이나 색상의 정도로만 비교했을 때 그 차이점을 발견하기란 쉽지 않았다. 진정성 장인과의 인터뷰 후, 강인내 장인에게 똑같은 질문을 던지며 왜 다섯 번의 칠의 횟수를 고집하는지 물어보았다. 강인내 장인은 칠의 횟수도 중요하지만 한 번 칠할 때 붓에 묻히는 리스 양의 차이에 따라 횟수가 많고 적을 수 있다고 했다. 이 같은 칠 횟수의 차이는 작업방식에 많은 차이를 가져왔다. 진정성 장인이 미세한 부분의 디테일까지 신경을 쓰는 꼼꼼함이 돋보였다면, 강인내 장인은 빠른 작업 속도로 전체적인 작업의 균형을 중요시하였다. 이러한 스타일의 차이는 두 장인의 성격에서 비롯된 것도 있지만 많은 부분 작업장의 상황과 일과에서 나타나는 특징들이었다. 작업장이 협소하고 몸이 불편한 진정성 장인보다는 작업장이 넓고 주문량이 많은 강인내 장인의 작업 속도가 빠를 수밖에 없었고 이러한 작업 환경은 현판의 칠 횟수에도 영향을 준 것이었다.

일반적으로 스타일이란 사람의 특성 또는 예술의 화풍, 상품의 독창적 이미지, 브랜드의 고유성 등 특정 대상이 다른 것으로부터 구분될 수 있는 개인 또는 단체의 반복되고 공통된 인지적 특징을 의미한다(Hebding, 1993). 현대에서 이해되는 스타일의 본질적 개념은 플라톤의 '불변'과 아리스토텔레스의 '변화'[2] 모두를 기반으로 한다. 스타일은 그것이 스타일이게 하는 '불변적 형상인'이 있으며 이것은 개별로서 스타일의 '모습'을 갖게 하고, 보편으로서 동일한 의미를 '공유'하게 하는 원형이다. 그리고 이 원형은 그 스타일의 모태로서 불변하며, 동시에 다수에 의해 변화하고 진화한다. 또한 스타일은 이 원형을 모방하여 다양한 형상과 질료로써 나타나고, 역으로 이 다양성은 보편 속에서 스타

2) 스타일의 개념은 고대 그리스의 철학자 플라톤(Platon, B.C. 427-347)과 아리스토텔레스(Aristoteles, B.C. 384-322)에게서 그 씨앗을 찾을 수 있다. 물론 그들이 스타일을 직접적으로 연구하지는 않았지만 그들의 철학에서 스타일의 원생적 개념인 '불변적 형상인'이 싹텄다고 할 수 있는 것이다. 특히 플라톤의 이데아(IDEA)는 사물의 현상을 이루는 관념적 본질로서, 이것은 스타일의 '불변적 본질이면서 이상적 형상'을 나타내는 것으로 해석할 수 있다. 그러나 아리스토텔레스는 존재하는 것은 변화하며 변화하지 않는 것은 죽은 것이라 생각하였다. 따라서 그는 본질이란 '변화'하며 현실적이며 그래서 공유되고 보편 속에 있다고 생각하였다. 따라서 그는 본질이란 현실에서 인지 가능한 것들의 공통적 모습이며 그것이 '불변적 형상인'이라 생각하였다. 이러한 플라톤과 아리스토텔레스의 본질에 대한 차이는 본질을 바라보는 시점의 차이에 근거하는데, 플라톤은 '개별'의 '불변적 실체'를 통해 보편의 이해에 의미를 둔 반면, 아리스토텔레스는 '보편'의 공통적인 형상인을 통해 개별의 본질을 이해하고자 하였기 때문이다(이홍구, 2012: 56-57).

일의 본질을 대변한다. 이렇게 스타일은 실체이면서 형상이고, 개별이면서 보편이며, 불변하며 변화한다(이홍구, 2012).

특히 라이프스타일(lifestyle)은 '자아의 기획'에 초점이 맞춰지는 개념이다. 라이프스타일은 '누가 될 것인가', '타인들에 의해 어떻게 인지되고 싶은 사람인가'를 모색하는'자아의 기획'으로서 자아 감각을 꾸며내고 타인과 구별되는 '개성'을 의식적으로 드러내는 문화적 상징의 수단이다. 개인적 정체성이 구성되는 형태로서 라이프스타일은 정체성을 구별 짓는 기준으로 작용하는 취향과 감수성의 유형을 결정짓는 실천들의 체계를 말한다(이영자, 2010).

목공장인은 공예품을 제작하여 파는 상인이다. 단순히 예술적 가치에 몰두하여 시간과 노력을 들이는 장인이 아니다. 숭의동 목공장인은 목공에 대한 자신의 신념과 가치를 기반으로 그와 관계하는 많은 고객과의 상호작용 안에서 소통하고 조율해 나가며 함께 성장해 나가는 위치에 있다. 그리고 그 안에서 장인만의 창조적 스타일이 재탄생하게 된다.

今井むつみ(2016)는 상황에 따라 자기만이 독자적인 스타일로 문제를 해결할 수 있는 능력을 창조성이라 하였다. 숙달자의 가장 큰 특징은 임기응변인데, 창조성은 임기응변에 강하다는 점의 연장선상에 있다는 것이다. 한편, 판매라는 행위 안에서 창조성이 어떻게 구현될 수 있는지와 관련하여 Korn(2013)은 다음과 같이 말했다.

> 판매라는 압박은 창조성을 제한하기보다 사람들과의 연결고리를 발견하는 훈련으로 작용한다. 상업거래는 새로운 아이디어를 적합성, 실용성, 구입 가능성에 맞게 퍼뜨리고 골라내는 사회라는 유기체의 자기 조절 메커니즘인 셈이다(Korn, 2013: 278).

Korn(2013)은 디자인은 창조하려는 의도와 문제해결, 이 두 가지에서 시작한다고 하였다. 대개 디자인이라는 문제는 여섯 명이 앉을 수 있고 기존 실내장식과 어울리며 비용이 6,000달러를 넘지 않는 식탁을 원하는 고객의 요구만큼 구체적일 수 있지만, 자신의 취향을 반영한 거울을 만드는 것처럼 모호한 것일 수도 있다는 것이다. 디자인 작업에 있어 장인이 내리는 결정은 모두 개인의 직관과 숙고가 결합된 것이지만, 그 과정에는 그가 속한 사회의 질서를 투영할 수밖에 없다. 이러한 관점에서 스타일은 개인의 고유성을 지니면서도 공유 가능한 보편성을 담고 있다고 말할 수 있다. 이는 작업과 관련한 장인의 신념이 세상을 경험하는 방식을 결정짓기도 하지만, 그가 경험하는 다양한 상황이 그의 신념을 변화시키기도 함을 의미한다. 따라서 스타일이라는 것이 고정된 실체가 될 수 없으며, 끊임없이 변화고 발전하는 속성이 있다는 점에서 장인의 역량이자 정체성을 대변해 주는 것임을 확인할 수 있다.

Ⅶ. 에필로그

1. 객체와 상식의 교육학

최근 장인, 손, 수행 등과 관련된 연구물들이 쏟아지고 있다. 4차산업혁명으로 인공지능에 대응하는 인간만의 역량에 다시금 주목하기 시작한 것이며, 지식과 수행이 분리되는 현상으로부터 겪는 수많은 부작용을 극복하기 위해 진정한 배움이란 무엇인가에 대한 고민에서 비롯된 결과이기도 하다.

이러한 시대적 배경 속에서 필자의 궁리는 학습의 결과 도달하게 되는 상태인 숙달에 관해 이해하고자 출발하였다. 그러나 숙달과 관련하여 기술이나 기예 등 특정 경험의 학습은 그동안 전문성 발달 차원이나 생애발달과정의 차원으로 접근하고자 한 경향이 강하였다. 그러한 해석은 특정 기술과 특정 경험의 시점을 중심으로 학습을 환원시켜 보고자 한다는 점에서 학습과 일상적 작업 경험의 분리를 전제로 하고 있다. 이로 인해 일상적 경험과 현장성이 자칫 주변적인 요인으로 다루어질 수 있으며, 경험학습은 일상성과 현장성을 근간으로 한다는 점에서 이들에 대한 간과는 경험학습의 기제에 대해 충분히 보여주지 못할 것이라 보았다.

이 저서에서는 장인이 사물을 다루는 방식을 중심으로 일의 과정을 들여다봄으로써, 장인의 작업 안에서 숙달된 상태를 가능하게 하는 맥락적 조건과 행위 방식이 무엇인지 탐색하고자 하였다. 즉, 장인의 내면에서 일어나는 일보다는 바깥 영역에서 일어나는 일들에 집중하여 그 속성을 드러내고자 하였다. 이는 행위를 통해 드러난 행동 양식이나 특성이 숙달의 실체를 내포하고 있음에 따라 객관적인 관찰의 대상이 될 수 있다고 보았기 때문이다. 목공장인 사례를 중심으로 장인의 특성을 숙달의 정체성 측면에서 탐색해 봄으로써 숙달의 경험이 어떻게 '현장'의 질서로부터 비롯되는지 그리하여 어떻게 인격으로서의 정체성을 부여받게 되는지 살펴보고자 하였다. 목공장인의 작업장 안에서의 시간과 공간을 비롯하여 작업이 실제 이루어지는 상황 안에서의 숙달된 행위들의 실체를 면밀히 분석해 봄으로써 숙달의 정체성이 무엇인지 들여다보고자 하였다.

장인 작업은 장인이 몸담은 생활세계 안에서 나름의 질서를 만들어 가는 과정이었으며, 숙달은 장인을 둘러싼 도구나 상황과의 끊임없는 상호작용 결과임을 확인할 수 있었다. 작업을 면밀히 들여다보면 숙달된 상태는 작업자가 일정한 지식이나 기술을 발휘한다고 보기 어려울 정도로 그때그때 전개되는 상황에 민감하게 대처하는 모습을 보였다. 사물의 결 그리고 상황적 요구에 세심하게 반응하는 유연하고 융통성 있는 그러한 '감(感)'은 지식이라고 하기에는 일상적이고 직관적이며 시행착오적이다. 장인의 감은 생활세계가 반영된 결과이고, 이러한 감을 바탕으로 다시 장인은 자신만의 생활세계를 구축해 나간다. 장인의 면모는 그가 발휘하는 솜씨를 넘어 목재, 일감, 연장과 도구, 작업대 등 객체들의 배치와 상호작용하며 그만의 작업 일상을 형성해 나가고 있었다. 이러한 것들이 어우러져 숙달의 수준이 높아질수록 작업장은 장인의 손작업이 묻어나는 '거기서만'의 장소감을 더해나갔다. 그리고 일과 생활세계가 분리될 수 없음으로 인해 목공장인의 일은 그에게 생업인 동시에 끊임없이 자신을 드러내고 다듬어 나가는 정체성의 발로였다.

이러한 점에서 '숙달의 정체성'은 일상화되고 보편화된 행동 양상으로 애씀을 줄이는 행위 상태이자, 사물과의 상호작용을 통해 자신의 존재를 확인하는 과정이며, 주어진 조건을 선택하는 것에서부터 자기맥락화 하는 과정을 통해 자신만의 스타일을 만들어나가는 것이었다. 특히, 숙달이 고정된 실체가 될 수 없으며, 변화무쌍한 상황 안에서 유연해지는 속성이 있음을 확인하였다. 이러한 숙달의 속성은 장인의 전문성과 정체성을 대변해 주는 개념이 될 수 있음을 밝혀낼 수 있었다. 나아가 숙달을 배움과 역량이라는 개념 안에서 어떻게 확장시켜 나갈 수 있는지에 대한 시사점을 준다.

가. 작업장의 현장성

목공장인의 작업장은 시공간을 자기맥락화한 장인의 일터이자 생활세계로써, 목공 작업은 일상적 삶의 질서와 균형을 유지하며 이루어지고 있었다.

조직이 아닌 혼자 일하는 작업장에서 장인의 일과는 자신이 충분히 조절 가능한 상황 안에 있었다. 예를 들어, 목간판을 파다 팔이 아프면 잠시 쉬었다 다음 작업을 진행하였으며, 주문 일정이 비슷한 작업이 여러 개 있을 경우, 하던 작업이 잘 풀리지 않거나 몰입이 되지 않을 때는 다른 작업을 먼저 시작했다. 즉, 그때그때의 작업 상황에 따라 일을 유동적으로 조율해 나가는 모습을 발견할 수 있었다. 특히, 일과표에 생략되어 있던 시간을 중심으로 작업장 안에서 장인이 시간을 어떻게 운용하는지 살펴보았다. 이를 통해 그 의미를 세 가지 정도로 요약해 볼 수 있었다.

먼저, 장인이 멈춘 시간의 일부는 자신의 신체적 리듬을 알고 이를 조율해 나갈 수 있는 '몸의 조율로서의 시간'이었다. 목공은 매일 몸을 쓰는 일이며, 더욱이 칠순을 바라보는 장인에게 신체적 컨디션은 매우 중요한 요인이었다. 장인에게 시간은 맞춰야 할 대상이 아니라 자신의 상황 안으로 조율해 나가야 하는 또 하나의 객체였다.

다음으로, 외부적인 상황의 개입으로 현재 진행 중인 행위를 멈출 수밖에 없는 '상황의 전개 과정으로서의 시간'이었다. 주문자와의 협의가 필요할 경우나 새로운 손님이 방문했을 경우에는 하던 일을 멈출 수밖에 없었다. 그러나 장인은 주문자를 기다리는 시간에도 작업 중인 서랍장을 바라보며 지금의 문제를 해결하기 위해 끊임없이 생각하고 적절한 조치를 취하는 모습을 보였다. 특히, 작업에 몰입하고 있던 중 새로운 손님의 방문은 작업의 흐름을 끊는 방해 요인이 될 수밖에 없었다. 그러나 장인은 이러한 상황에 민감한 반응을 보이거나 손님을 기다리게 하는 등의 태도를 보이지 않았다. 오히려 자연스럽게 하던 일을 멈추고 새로운 방문객을 맞이하는 유연함을 보였다. 이러한 유연함이 바로 장인의 전문성을 돋보이게 하는 여유로움이었다.

마지막으로, 어제 했던 일을 다음 날 새로 시작하거나 상황적 변수에 의해 작업을 멈춘 뒤 이어나가야 하는 시간들은 모두 단절된 시간 개념 안에 있는 것이 아닌, 장인의 의식 안에서는 '연속적 흐름으로서의 멈춤과 이어짐' 상태였다. 겉으로 드러난 모습은 휴식을 취하거나 멍하니 서 있는 등 작업 내용에 있어 물리적 시간은 단절되었지만, 장인의 의식 속에서는 앞선 작업과의 연속선상에서 다음 작업이 진행되는 시간이었다.

이렇듯 장인이 생략했던 멈춰있는 시간들은 오히려 장인의 능숙한 행위를 가능하게 하는 조건이 되기도 하였다. 장인은 그 시간 동안 주변을 살펴보고 훑어보는 등 주의를 기울이며 작업에 집중할 수 있는 환경을 만들어가고 있었다. 이를 통해 다음 행위가 자연스럽게 이어짐으로써 일의 진행을 순조롭게 하였다.

한편, 작업장은 장인만의 작업 질서가 만들어지는 일터이자 생활세계로서의 공간이었다. 장인의 작업장은 일의 과정에 따라 분할된 작업공간을 형성하고 있었으며, 각각의 공간에서 만들어지는 행위는 작업에 필요한 도구들의 배치와 활용에 따라 생성되고 변형되며 그만의 작업문화를 만들어나가고 있었다.

분석 과정에서는 가구 제작이라는 특정한 상황을 중심으로 그 특징을 살펴보았다. 손님이 방문하여 주문을 받을 때, 목재배달원이 목재를 운반할 때, 배달된 목재를 재단할 때 등 몇 가지 상황을 바탕으로 작업장의 공간 배치와 활용, 장인의 작업 행위를 분석해 봄으로써 기존의 공간을 나름의 작업 질서에 맞게 어떻게 배치시키고 변형시켰는지 볼 수 있었다. 대부분의 공간 배치는 불편함이라는 저항을 최소화하기 위한 조치였고, 각 공간 안에서 장인이 보여준 이동 동선은 수십 년간 작업장을 운영하면서 만들어온 작업 문화 안에서 의례화된 행위 질서였다.

특히, 분리된 두 공간의 벽을 허물어 하나의 공간으로 만들고, 긴 목재를 세워 보관하기 위해 막힌 천정을 뚫어 새로운 공간을 구현해 놓은 것은 장인이 하는 일의 성격을 그대로 드러내 주는 행위였다. 목공에서 만드는 일은 2차원의 평면적 설계도를 바탕으로 3차원의 입체적 사물을 만들어내는 일이었기에, 평면적인 것을 입체적으로 구현해 낼 수 있는 장인의 인지력이 발휘된 사례였다.

한편, 이렇게 작업 과정에 따라 분할된 공간들은 마지막 제작과정인 조립하기와 칠하기의 과정에서 다시 하나의 공간으로 연결되었다. 50년 이상 수없이 같은 일을 반복한 장인이지만, 각 단계에서의 작업이 늘 완벽할 수는 없었다. 특히, 설계도에 그려진 물건을 실제로 구현해 내는 작업은 머리로 생각하는 것과 실제 행위가 얼마나 다를 수 있는지를 여실히 보여주었다. 목공에서의 모든 작업은 앞선 작업 결과에 따라 이어지는 작업 내용이 달라지기 때문에 검토하고 수정하는 과정 또한 수시로 병행되었다. 장인의 작업장은 부분과 전체를 아우르는 장인의 시선만큼이나 유연하게 움직일 수 있는 열린 공간이었다.

다시 말해, 작업장의 공간은 목공과 함께하며 닥쳐왔던 수많은 난관 앞에 고개 숙여 고뇌하던 장인의 경험과 직관력이 모두 공존하는 살아있는 공간이었다. 장인의 실기에 따라 작업 공간도 유동적으로 변모해 가며, 장인만의 장소감(感)을 형성해 나가고 있었다. 이러한 장소감은 늘 새로운 일에 직면하게 되는 장인의 작업을 더욱 일상적으로 만들어 줌으로써, 일과 삶의 균형을 찾을 수 있게 해주었다.

나. 나의 성찰? 컨텍스트 성찰!

목공 작업에서 보여진 숙달은 행위의 능숙함을 넘어 객체와의 상호 작용을 통한 변형과 조율, 자기 변화 과정의 결과로, 작업장 안에서 형성된 작업 질서와 문화, 정서를 포괄하는 총체적 속성을 띠고 있었다.

장인은 관계하는 사물과 대상을 때론 타자화시켜 객관적 실체로 보면서도 한 몸이 된 것처럼 일체화의 단계를 넘나들며 적절한 거리를 유지하고 있었다. 장인이 보여준 도구의 변형은 숙달과 관련하여 일의 현장에서 그때그때의 조건들을 어떻게 조정, 배치시키고 주어진 상황에서 이를 어떻게 맥락화하는지, 그리하여 어떻게 기술적 효율성을 높이고 작업을 진행해 나가는지 확인할 수 있는 사례였다. 예를 들어, 스카시 기계 위에 모래주머니를 올린다든가, 조각칼과 절단기인 마르노꾸를 변형시켜 작업의 수월성과 도구의 비가시성을 높이는 행위들은 장인이 자신을 둘러싼 환경을 주체적으로 변화시켜 나가기 위한 전략이었다. 즉, 도구를 맥락화하여 활용함으로써 조건의 변화를 스스로 이끌어낸 결과였다.

좋은 재료를 고르고 다음 단계를 탐색하는 것은 특정한 지식에 기댄 것이 아닌, 나무라는 대상 자체의 질성을 그대로 보고 느끼며 경험해 온 장인의 감각과 현장의 속성이 만나는 지점 안에 존재하는 것이었다. 장인의 숙달된 행위 안에는 축적된 과거의 경험을 바탕으로 현재를 살며 미래를 직관할 수 있는 힘이 있었다. '다음'을 탐색할 수 있는 안목과 손이 있었기에 예측할 수 없는 다양한 상황적 변수 앞에서도 사물의 균형을 맞추는 융통성을 발휘할 수 있었던 것이다. 특히, 십자가 모양 자르기 사례에서 자를 십자가 모양이 오른쪽 상단에 위치하고 있었음에도 불구하고 나무판의 정중앙에서부터 톱날을 대어 나갔던 모습은 목공 작업에 있어 균형과 감을 익히는 것이 숙달된 행위의 핵심임을 여실히 보여주었다. 장인은 나무의 강도와 스카시 기계의 마찰 정도를 온몸으로 느끼며 중앙에서부터 감을 익혀나가고 있었다. 더욱이 처음부터 오른쪽으로 치우쳐 자를 경우 잘려나가는 부분으로 기울어져 힘의 균형을 유지하기 힘듦에 따라 마주하는 사물의 성질과 기계의 원리를 고려하여 자르는 순간순간 달라지는 상황에 따라 자신의 신체를 적절히 조절해 나감을 확인할 수 있었다. 같은 종류의 나무판이라도 위치나 나무의 성질에 따라 톱날이 앞으로 나가지 못하고 이탈하려고 하면 장인의 손은 그 지점에서 뒤로 살짝 물러선 뒤 탄력을 받아 다시 앞으로 나아가는 등 톱날이 지나가야 할 길을 자신의 손으로 만들어내고 있었다. 이렇듯 숙달은 매 순간 다르게 찾아오는 변수적 상황 안에서 융통성을 발휘하여 일상을 유지하는 것이며, 일상은 지난 경험을 바탕으로 앞으로 일어날 일을 예측하며 지금 삶의 방향을 잡아가는 과정 안에 있었다.

한편, 장인이 예상치 못한 상황적 변수 앞에서 흔들리지 않았던 이유는, 낯선 것을 낯선 것 자체로 두지 않고 익숙함이라는 정서 속에서 새로운 행위에 대한 유연성을 발휘할 여지를 주는 것으로부터 비롯되었다. 이러한 유연성이 늘어나면 날수록 장인은 자신만의 상황 변화를 조율할 수 있는 '감(感)'을 획득하며 자신이 다룰 수 있는 수준으로 작업을 끌어올릴 수 있었다. 목간판 제작 시 적절한 목재와 시간적 여유가 없는 상황에서 장인이 자신의 작업장 안에 있는 재료만으로 어떻게 이를 해결해 나가는지 확인해 볼 수 있었다.

특히, 건축모형 제작을 위해 설계도의 내용과 수치를 확인해 나가는 과정에서 장인이 보여줬던 인식의 과정은 설계도와 주문자의 맥락에 따른 것이 아닌 자신이 하는 일의 과정에 기초에 현장에 놓인 정보를 재조직화해 나가는 것이 중심이었다. '탐색 → 질문 → 수정 → 예측 → 인식'과 같은 일련의 사고 순서를 보이는 듯 했으나, 이 역시도 몸에 밴 일의 과정이 장인의 사고를 자연스럽게 이끌어 나간 결과에 불과한 것이었다. 이 과정에서 지식이 명시지와 암묵지로 구분되어 논의될 수 없음을 확인할 수 있었다. 장인이 현재 놓인 문제를 자신의 맥락 안으로 끌어들이며 보인 행위들은 주문자와의 합의와 조율의 결과로 서로의 공유지점을 확장한 결과였다. 더불어 이 과정에서 실천의 가능성에 대한 지속적인 점검과 확인 과정이 되풀이되었다. 작업현장에서 지식이라는 것은 그 자체로 명시지와 암묵지가 서로 엉켜있는 상태였다. 따라서 지식의 범위를 확장해서 다뤄야 할 문제이지, 이를 구분해서 논의하는 것 자체가 실천으로서의 지식의 성격을 왜곡하는 일임을 확인할 수 있었다.

장인 작업을 분석하면서 숙달과 전문성이라는 것은 그 일과 관련한 '감(感)'을 확장시켜 나가는 것이었다. 이러한 감은 인식의 장으로써 신체적 능력을 조율해 나가는 것은 물론이요, 작업장 안에 형성된 문화와 질서를 통해 일의 효율성을 높이고, 장인이 소통하는 모든 대상(사람을 비롯한 사물까지)과 주거니 받거니 하며 만들어나가는 정서에서 비롯되는 것임을 확인할 수 있었다.

다. 활동시스템의 확장으로서의 역량의 발현

숙달된 행위 안에서 장인은 상황을 조율해 나가는 에이전트로서 자신의 행동과 환경에 변화를 주고받으며, 그 변화 안에서 장인의 삶은 역동성을 가지고 자신의 역량의 범위를 확장시켜 나가고 있었다.

장인을 에이전트(agent)로 보는 관점은 인간의 모든 행위가 자신의 생각과 마음을 통해 스스로 결정하고 조절 가능한 것이라는 기존의 인지심리학적 관점에 반하는 것이다. 장인은 매 순간 자신을 둘러싼 상황과의 조율을 통해 행동하며 시간을 축적해 나감을 보았다. 자신이 만들고 싶은 물건을 만들어 쓰는 것이 아닌 고객의 요구와 목표에 부합하는 물건을 생산해 내야 하는 입장이기에 그에게 모든 일은 자신만의 생각과 결정에 우선해서는 안 되는 것이었다. 그에게 소통은 조율의 문제인 동시에 역량의 발전을 가능하게 하는 발로이기도 했다. 장인의 일상적 일은 그 자체가 다음 상황을 이끌어 가는 조건이 되며 장인의 행동과 환경에 변화를 주고 있었다.

시대가 급변할수록 '적응'의 문제를 민감하게 다루기 시작하였다. 적응해야만 살아남을 수 있기 때문에, 적응은 생존의 문제이기도 하다. 목공이라는 분야에 40년 이상 몸담았고 목공과 관련하여 '장인'이라는 호칭을 받을 만큼 전문적 기술을 보유하고 있지만, 그런 그들에게도 적응의 문제는 그들의 자리를 위협하는 요소였다.

장인을 둘러싼 많은 환경이 오랜 시간만큼이나 다양하게 변화해 왔다. 다루는 도구도 발전을 거듭해 왔고 그에 따라 장인 역시도 새로운 도구에 또다시 적응해야 하는 문제에 놓였다. 기후변화에 따라 목재의 상태도 변하고 목재를 가공하는 기술이 발전할수록 가공된 목재의 종류도 다양해졌다. 재료의 성격이 달라지고 종류가 많아질수록 장인의 기술도 그에 맞게 변모해 나갈 수밖에 없는 이치였다. 이 과정이 모두 적응의 과정과 맞물려 있는 것이었다.

현판 제작을 하면서 목판에 직접 글자를 스케치하는 대신, 컴퓨터를 활용해 적절한 글자체를 선택한 후 이를 출력해서 사용하는 모습을 보았다. 최근 유행하는 다양한 글자체를 반영하여 변형해 나가는 사례를 통해 자신만의 스타일이라는 것이 개인만의 독창적인 영역이 아님을 확인할 수 있었다. 사회의 변화 속에서 고객의 니즈(needs)를 받아들이며, 이 안에서 자신의 신념과 가치를 반영한 창조적 스타일을 만들어나가는 것, 이렇게 만들어진 스타일은 또다시 소통이란 창구를 통해 변화하고 발전해 나가는 모습을 보였다. 즉, 보편성과 개별성의 적절한 균형 안에 장인의 창조성과 역량의 범위가 확장됨을 확인할 수 있었다.

Merleau-Ponty(1960)는 깊이는 모든 차원 가운데 가장 실존적인 차원이라고 보았다. 깊이는 사물과 나 사이에 존재하는 끊을 수 없는 사실이며 근원적 현상으로, 숙달은 이 근원적 현상을 이해하는 과정이라고 하였다. 따라서 숙달의 과정은 자신의 실존을 마주하며 정체성을 발달시켜 나가는 발판을 마련해 준다. 이러한 관점에서 숙달된 수행의 자유는 삶의 가장 높은 표현인 것이다(김우창, 2014). 자신의 마음과 마음의 대상과 적절한 관계를 유지하는 것, 그것에서 마음의 유연성을 유지하고 다시 그것으로부터의 자신의 삶으로 귀환하는 복잡한 과정을 유지하는 것이야말로 숙달의 과정이자, 자기 연마의 과정일 것이다.

라. 숙달의 정체성과 배움

숙달의 정체성으로서 장인에 관한 이해는 배움의 전제 조건으로서 숙달이 어떠한 함의를 줄 수 있는지 구체적으로 들여다볼 수 있게 해주었다.

우리의 삶은 배움의 실천 안에 있다. 생존을 위해서라도, 자신이 원하는 꿈을 이루기 위해서라도 배우지 않고 이루어지는 일은 없다. 학습을 형식교육에서 이루어지는 것으로만 보던 때와 달리, 오늘날 평생교육의 관점에서 보면 생활세계에서 경험하는 모든 것이 배움이고 학습이다. 따라서 우리는 일생을 배움이라는 주제를 몸소 실천하며 살아가는 것이라 말할 수 있을 것이다.

어린아이들이 자연스럽게 모국어를 학습하는 것을 보면 사람들은 누구나 스스로 배우는 힘이 있음을 발견할 수 있다. 아이들이 모국어를 배우는 과정은 성인이 배움에 대한 목적과 방법을 가지고 접근하는 것보다 훨씬 빠르고 놀라운 학습 성과를 보인다. 이는 자연스러운 상황 안에서 배움이 얼마나 주체적이고 실천적인 성격을 가지고 있는지 잘 말해준다.

숙달을 통한 배움은 지식을 쌓음으로써 탁월함을 성취하는 것이 아니라 오히려 불필요한 지식을 벗겨내 버림으로써 대상 세계에 대한 직관과 실용적 다룸 방식을 정교화해 나가는 일과 흡사했다. 앞서 <상황 1>과 <상황 2>를 통해 장인이 좋은 목재를 고르는 방법은 목재에 관한 풍부한 지식에 의한 것이 아님을 확인했다. 장인은 목재의 질감과 상태를 눈으로 보고 손으로 만져보며 기존의 나무와 달리 변형이 적게 올 것임을 직감했다. 오히려 목재 배달원에 의해 목재와 관련한 명칭과 성질을 새롭게 듣게 되는 상황이었다. 이를 통해 보면 전문성이란 지식의 습득을 통해 형성되는 것이 아닌, 경험의 실천으로부터 자신만의 지식관이 형성되는 것이라 말할 수 있을 것이다.

과학은 관찰에 관한 것이고 관찰은 지각을 포함한다. 그러나 지각에 의해 관찰된 현상이 이론화로 이어지면서 지각에 의존해 탐색해 나가는 과정을 생략하게 되었다. 배움의 대상이 되는 대부분의 지식이 이러한 이유로 자발적이고 주체적인 경험을 간과하게 만들었다.

목공장인의 사례는 배움에 있어 스스로 경험함으로써 지각할 수 있는 기회가 얼마나 중요한지 다시 한번 되짚어보게 한다. 학습에 있어 경험의 중요성에 대해서는 이미 많은 연구를 통해 밝혀졌으며, 학교 현장에서도 이를 학습 내용과 평가 영역에 포함시켜 경험학습으로의 교육과정 설계 체제로 전환해 왔다. 그러나 이 역시도 구조화된 경험학습에 지나지 않는다는 사실을 다양한 체험학습에서 보여주고 있다.

일상적인 행동들은 많은 것이 동시다발적으로 일어나는 복잡한 환경 속에서 벌어진다. 이러한 복잡한 환경은 우리에게 가까운 환경을 구성할 수 있는 지각의 장이 된다. 그리고 실제 경험은 온몸 지각(whole-body perception)을 통해 감각적으로 구조화된 것을 의미한다. 목공장인 역시 목재를 보고 느끼고 손으로 다루며, 도구를 사용하여 몸과 도구의 행위가 함께 관여된 상태로 작업을 시작함을 보았다. 목공 작업은 단순히 손이라는 신체적 부위만 활용해서 이루어지는 것이 아닌, 목공 작업과 관련한 상황 안에서 수많은 변수를 온몸으로 느끼며 지각하는 과정 안에 있었다. 숙달은 이러한 과정을 통해 자신의 신체와 상황을 조율할 수 있는 역량이었다.

더욱이 새로운 문제 상황에서 장인이 문제를 해결해 나가는 방식 역시도 자신의 실천적 행위에 기반한 것임을 설계도의 길이를 파악해 나가는 <상황 4>와 <상황 5>를 통해 자세히 들여다보았다. 장인은 복잡한 문제 상황을 자신이 실제 일하는 상황에 견주어 문제를 재구조화시키고 해결해 나갔다. 이는 숙달이 얼마나 일상적인 행위로 변모했는지 잘 드러내 준다. 숙달된 행위가 자연스러워 보이는 이유도 이러한 맥락 때문이다.

경험은 우리에게 세계를 인식할 수 있는 눈을 갖게 해준다. 더욱이 실천적 행위로 경험되어지는 많은 것들이 반복을 통해 스스로 구조화의 과정을 거치게 되면 반복된 행위와 패턴은 그 자체로 인지 과정의 일부가 된다. 전체의 과정을 따로 떼어 놓고 하나씩 생각하거나 배우는 것으로부터 겪게 되는 불필요한 애씀을 없앨 수 있기에 즐거움이란 요소를 극대화시킬 수 있다.

지금까지 우리는 전체를 배우기 위해 부분이라는 과정을 만들고 위계를 만들어 순서를 정해왔다. 학습의 효율성을 위해 만들어 놓은 체계였지만 학교에서 배운 지식이 생활 현장에 그대로 적용되지 못하는 사례를 통해 이러한 체계가 오히려 배움과 삶을 분리시키는 요인으로 작용해 왔음을 알게 되었다. 전체는 부분들의 단순한 합 이상의 특징들로 구성되어 있기에 우리는 늘 총체적인 관점에서 상황을 이해해 나가야 한다.

목공장인이 숙달에 도달하기까지 배움의 과정에서 겪은 일들은 체계적이고 논리적으로 구조화시킬 수 있는 것이 아니었다. 그때그때 상황에 맞춰하다 보니 알게 되었고, 그러다 보니 자신만의 스타일이 만들어졌다고 말하였다. 매 순간 자신의 행위에 대해 생각하고 회상하며 그 이유를 찾으며 살아가는 것이 아니기에 어쩌면 이러한 대답이 가장 상식적이고 정확한 답변일지 모르겠다. 기존의 배움이 학습의 틀 안에 자신을 맞춰나가는 과정이었다면, 배움의 본질이 무엇인지 들여다보기 시작한 지금, 배움은 자기 안의 것을 끄집어내는 연습 과정에 가까웠다.

더욱이 숙달은 대부분이 암묵지라 일컬어지는 지식의 속성을 지니고 있었다. 그러나 장인의 작업을 통해 들여다본 지식은 형식지와 암묵지가 뒤엉켜 있는 상태로, 이를 구분하여 바라본다는 것 자체가 모순되는 상황이었다. 지식을 구분해서 바라보기보다는 지식의 범주를 확장해서 바라봄으로써 그 상황 안에서의 조건을 어떻게 자기맥락화 해가는지 살펴볼 필요가 있을 것이다.

이러한 맥락에서 숙달은 한 개인에서 다른 개인으로 전이할 수 있는 개념이라기보다는 한 분야에서의 숙달된 경험이 다른 분야의 학습에 있어 전이 가능성을 확장시켜 주는 것이라 볼 수 있을 것이다. 다양한 분야의 얕은 배움보다는 한 분야에서 깊이 있는 배움을 통해 숙달의 정체성을 경험해 본다면 새로운 상황에서 자신을 둘러싼 조건을 어떻게 맥락화하여 조율해 나갈 것인지를 금세 알 수 있을 것이다. 이는 급변하는 시대가 요구하는 역량의 한 조건이기도 하다.

2. 배움이란 무엇인가

이 저서에서는 일과 삶, 혹은 학습과 삶이 분리되지 않고 서로 연계됨으로써 학습자가 스스로 배움의 의미를 찾고 이를 향상시켜 나갈 수 있는 방안이 무엇인지 끊임없이 질문하며 그 해답을 찾으려 노력하였다. 특히, 숙달의 정체성을 밝혀내기 위해 목공장인의 작업장을 관찰하고 그의 작업과 관계되는 많은 상황을 자세히 들여다봄으로써, 숙달이 보편적 개념으로 논의될 수 있는 성격이기보다는 한 개인의 정체성을 그대로 담고 있는 개별적 속성의 개념임을 밝혀낼 수 있었다. 배움의 전제 조건이자 개인의 정체성과 역량의 개념을 모두 포괄하고 있는 이러한 숙달은 학습자 개인의 자질과 능력을 발견하고 성장시키기 위해 심층학습을 강조하는 역량교육의 방향과도 그 맥을 같이 하고 있다. 이러한 관점에서 본 저서에서는 배움이란 무엇인가에 대한 질문을 통해 새롭게 고려해 보아야 할 문제들을 되짚어보았다.

첫째, 경험학습을 이해하고 처방하는 데 고려되어야 할 조건과 관련해서이다. 경험학습이 한 개인의 경험이나 지식의 생성 문제를 넘어 그 일이 벌어지는 현장이나 그를 둘러싼 문화와 긴밀하게 결부되어 있다는 점을 감안해 볼 때, 이 연구는 학습의 개념적 범주를 확장시키는 경험적 사례를 제공해 준다. 즉, 개인의 인지심리적 변화 차원을 넘어 삶의 맥락성을 지닌 생활영역에서의 다양한 학습활동까지 학습 영역으로 바라볼 필요가 있다. 이는 배움과 삶이 분리되지 않고 연계됨으로써 개인의 성장을 도모할 수 있는 바탕이 되어줄 것이다.

둘째, 능동적 학습을 위한 조건으로 상호작용의 대상을 인간으로 한정하여 바라보던 관점에서 학습자를 둘러싼 시, 공간 및 사물, 정서 등으로 확장시켜 살펴볼 필요가 있다. 그동안 학습의 효율을 높이는 요인으로 학습자와 교수자 혹은 학습자간 상호작용을 통한 피드백을 중요시했다. 그 결과로 팀프로젝트, 모둠학습과 같은 수업 형태가 학습자의 수행 가능성을 높이는 수업으로 인식되기 시작하였다. 그러나 목공장인의 사례에서 보았듯이, 장인의 작업장은 혼자 운영하는 곳으로 학습의 대상을 인간으로 한정할 수 없음을 보았다. 장인은 작업하는 내내 목재를 비롯한 연장과 도구, 일감 등 객체들의 배치와 상호작용하며, 그 안에서 만들어진 문화와 질서에 이끌리기도 하면서 주체와 객체 간의 경계를 넘나들고 있었다. 특히, 작업을 면밀히 들여다보면 물리적 현상에 대한 객관성을 담보하기 어려울 만큼 장인의 인식 안에서 새롭게 의미를 부여받아 맥락을 형성하는 모습을 자주 발견할 수 있었다. 활동이론과 같은 실천이론에서는 이미 객체의 범위를 인간이 아닌 사물과 정서로 확장시켜 봄으로써 활동의 의미를 보다 풍부하게 해석할 수 있는 터전을 마련하였다. 이는 상호작용하는 대상이 가진 물성을 왜곡하지 않고 있는 그대로 학습할 수 있는 조건을 마련해 줄 것이다.

셋째, 실제 배움의 현장에서 적용되는 지식의 성격과 기능을 기존의 지식관에서 탈피하여 현장지(local knowledge)의 관점에서 면밀하게 다시 들여다볼 필요가 있다. 평생학습 또는 경험연구에서는 표준지식이 현장에 맞게 재조절, 재배열되어 맥락지식으로 형성된다고 밝히고 있다. 이는 상황의 맥락성을 고려하고자 한 태도에서 나타난 결과일 것이다. 그러나 본 연구에서는 맥락지식이라는 것 역시도 지식의 성격이 아닌 상황을 조율해 나가기 위한 조건에 불과하다는 점을 확인하였다. 목공장인의 지식은 생활세계의 맥락 안에서 만들어진 비표준화된 지식에서 출발하여 숙달적 행위 안에서 나름의 질서를 부여받아 전문가 지식의 성격을 가지게 되었다. 이러한 지식 역시도 상황에 따라 다르게 적용되고 변형되는 것을 통해 표준화된 지식이라는 것이 오히려 능동적인 학습을 방해하는 요인으로 작용될 수 있음을 다시 한번 확인할 수 있었다.

넷째, 학습을 통한 개인의 성장과 관련하여 역량의 개념을 지식, 기술과 관련한 전문적 수행 능력에서 벗어나, 개인의 삶의 질과 맞물려 실제 생활세계에서 지속적으로 구성되는 맥락 안에서의 기본 능력으로 바라볼 필요가 있다. 일반적으로 역량은 급변하는 시대 변화에 적응하는 것은 물론, 구체적인 변화를 이끄는 데 필요한 능력을 말한다. 역량은 그 개념이 갖는 광의성과 모호성 때문에 다양한 분야에서 역량에 대한 개념 정의와 역량 평가 설계를 위한 각고의 노력을 기울여 왔다. 특히 지식을 활용한 문제해결과정으로서의 수행성에 주목하면서, 지식과 역량 사이의 모호함을 구체화시키는 작업에 몰두해 왔다. 이러한 흐름과 맞물려 역량을 저장해 둘 수 있는 지식이 아니라 어떤 과제를 해결하고자 할 때 그 맥락에 맞게 지식과 기능 등을 자주적으로 구성해서 지식, 기능, 가치 태도 등을 총체적으로 동원하고 발휘하는 '과정(process)'에 관한 것이라고 정리하기도 하였다. 이를 통해 보면 역량은 숙달됨을 전제하는 것이며, 그와 관련한 개념을 맥락화하여 자기개념화하는 과정이라 볼 수 있다. 앞서 목공장인의 작업 분석을 통해 숙달의 정체성을 살펴보면서 역량은 한 분야에 탁월한 능력이 있음을 밝히는 것이 아님을 확인했다. 역량으로서의 숙달된 행위는 그와 관계되는 다양한 요인들을 균형 있게 조절해 나가는 능력이었다. 이것은 곧 다양한 자원에 대한 선택의 문제이자, 선택한 자원을 자신의 상황 안에서 조율해 나가는 자기맥락화의 과정이다.

다섯째, 개인맞춤형 교육을 위한 심층학습의 방향성과 정성평가의 객관성 확보와 관련해서이다. 개인맞춤형 교육을 위해서는 개인의 질적 경험을 통한 도달 정도를 어떻게 체계화할 수 있을지 고려해야 한다. 이것은 학습의 결과보다는 과정을 어떻게 구체적으로 들여다볼 수 있을 것인가에 대한 문제이기도 하다. 장인의 작업 분석을 통해 숙달의 정체성을 살펴보는 과정에서 작업 과정을 분절화하고 이를 일반화시켜 바라보는 것이 때론 본질을 이해하는 데 큰 걸림돌이 됨을 확인할 수 있었다. 과정의 중요성을 보기 위해 불필요한 애씀을 증가시킴으로써 배움의 즐거움을 잃게 만드는, 즉 지성적 배움으로 가는 길을 차단해 버리는 역할을 하게 된다. 분명 심층학습을 위한 과정에서 과정을 쪼개어 몰입도를 높이는 장치는 필요하다. 그러나 개별학습의 목적이 학습자의 성향과 상황을 존중하여 학습자의 선택권을 보장하고 행위 주체성을 높이는 데 있다면, 같은 평가체제를 동일하게 적용하는 것은 평가 목적에 맞지 않는 방법이다. 정성평가를 위한 평가방안 마련과 관련해서는 앞으로 좀 더 논의되어야 할 사항이다. 다만 이 연구에서는 평가의 객관성이라는 것이 과학적 수치에 의해 정당성을 부여받을 수 없음을 확인할 수 있었다. 장인의 전문성을 드러내는 정확성의 기준은 오랜 경험을 통해 획득한 장인의 감과 주문자와 장인과의 합의를 통한 조율의 과정 안에 있었다. 배움에 참여하는 상황은 예측할 수 있는 영역보다 예측 불가능한 영역이 많다. 그 사이에서 적절한 균형점을 찾고 다음 행위를 이어나갈 수 있는 것에서부터 학습의 깊이를 더해나갈 수 있을 것이다.

참고문헌

김난도, 전미영, 최지혜, 이향은, 이준영, 김서영, 이수진, 서유현, 권정윤 (2019). **트렌드 코리아 2020**. 미래의 창.

김우창(2014). **깊은 마음의 생태학**. 김영사.

손민호, 조현영(2014). **민속방법론: 현상학적 사회학과 질적 연구**. ㈜학지사.

안주영(2009). 무형문화재의 도제제도에서 나타난 상황 학습에 대한 고찰: 경기도 무형문화재의 세 사례를 중심으로. **중앙민속학, 14**, 123-175.

양예은(2017). **공간경험의 시각적 내러티브 구성을 위한 인터랙티브 이미지 시퀀싱**. 서강대학교 박사학위논문.

유홍준, 김영일, 배병우, 김봉렬, 정구호, 조희숙(2010). **우리 시대의 장인정신을 말하다**. 서울:북노마드.

이기상(2011). **쉽게 풀어쓴 하이데거의 생애와 사상 그리고 그 영향**. 누멘.

이영자(2010). 소비시장과 라이프스타일의 정치학. **현상과 인식, 34**(1/2), 101-124.

이홍구(2012). 스타일 연구에 관한 고찰. **한국상품학회, 30**(5), 55-66.

정민아(2015). 영국의 기술부족 문제와 견습제도의 확대. **국제노동브리프, 1**, 65-71.

정성미(2018). 악기장의 전통지식 및 기술의 변화와 장인 정체성에 관한 연구. **한국예술연구**, 20, 285-308.

조현영 (2019). **관찰의 현상학**. 박영사.

____________(2017). 경험은 어떻게 맥락적으로 학습되는가?. **교육인류학연구**, 20(1), 25-34.

천정임(2010). 장인정신을 통해 본 디자인의 정신과 태도. **디자인지식저널**, 15(9), 51-60.

황선명(2001). **장인의 세계**. 서울: 지구문화사.

今井むつみ(2016). *學びとは何か*. 김수희(역). 배움이란 무엇인가. ㈜에이케이커뮤니케이션즈.

Alexander, P. A. (2003). The development of expertise: The journey from acclimation to proficiency. *Educational researcher, 32*(8), 10-14.

Arminen, I. (2005). *Institutional interaction studies of talk at work*. London: Ashgate Pub Co.

Bakhtin, M. (1981). *The dialogic imagination:* Four essays by M. M. Bakhtin (ed.). M. Holquist. Austin: University of Texas Press.

Bates, R. & Holton, E. F., Ⅲ. (2004). Linking workplace literacy skills and transfer system perceptions. *Human resource development quarterly, 15*(2), 153-170.

Berry, W. (2007). *The way of ignorance*. 안진이(역). 지식의 역습. 청림출판.

Billett, S. (1994). Situationg learning in the workplace: Having another look at apprenticeships. *Industrial and commercial training. 26*(11), 9-16.

Bloom, B. S. (1976). *Human characteristics and school learning*. New York: McGraw-Hill.

Bodker, S. (1996). Applying activity theory to video analysis: How to make sense of video data in HCI. In B. Nardi (ed.), Context and Consciousness: *Activity theory and human-computer interaction,* 147-174. Cambridge, Mass.: MIT Press.

Brown, J. S., Collins, A. & Duguid, P. (1989). Situated cognition and the cuture of learning. *Educational Researcher, 18*(1), 32-42.

Button, G. (1991). *Ethnomethodology and the human sciences.* Cambridge University Press 1991.

Charim, I. (2018). *Ich und die anderen: Wie der neue pluralismus uns alle veraendert.* 이승희(역). 나와 타자들: 우리는 어떻게 타자를 혐오하면서 변화를 거부하는가. 민음사.

Clancey, W. J. (2009). Scientific antecedents of situated cognition. In P. Robbins & M. Aydede (Eds.). *The cambridge handbook of situated cognition.* New York: Cambridge University Press.

Clark, A. (2003). *Natural-born cyborgs.* 신상규(역). 내추럴-본 사이보그. 아카넷

Clarke, N. (2005). Workplace learning environment and its relationship with learning outcomes in healthcare organizations. *Human resource development international, 8*(2), 185-205.

Colley, H., Hodkinson, P. & Malcom, J. (2003). *Informality and formality in learning: A report for the lrarning and skills research center.* London: Learning and Skills Research Center.

Collins, R. (2004). *Interaction ritual chains.* 진수미(역). 사회적 삶의 에너지. 한울.

Crawford, M. B. (2009). *Shopclass as soulcraft: An inquiry into the value of work.* 윤영호(역). 손으로 생각하기. 사이.

Csikszentmihalyi, M. (2000). *Beyond boredom and anxiety: experiencing flow in work and play.* 이삼출(역). 몰입의 기술. 서울: 더불어책.

Cunningham, I. (1998). *The wisdom of strategic learning: The self managed learning solution.* Hampshire: Gower Publishing Company.

Dewey, J. (1938). *Experience and education.* New York: Macmillan.

_________ (2007). *Democracy and educatio*n. 이홍우(역). 민주주의와 교육. 서울: 교육과학사.

Dimon, T. (2003). *The elements of skill: A conscious approach to learning.* 원성완(역). 배우는 법을 배우기. 민들레.

Dreyfus, H. & Dreyfus, S. (1986). *Mind over machine: The power of human intuition and expertise in the era of the computer.* New York: Blackwell Publishers.

Engestrom, Y. (1996). Developmental work research as educational research: Looking ten years back and into the zone of proximal development. *Nordisk Pedagogik, 16*(3), 131−143.

Fook, J., Ryan, M. & Hawkins, L. (2000). *Professional expertise: Practice, theory and education for working in uncertainty.* London: Basingstoke.

Garfinkel, H. (1967). *Studies in ethnomethodology.* Cambridge: Polity Press.

Garfinkel, H. & Sacks, H. (1970). On formal structure of practical actions. In J. C. McKinney & E. A. Tiryakian (eds.). *Theoretical sociology: Perspectives and developments.* New York: Appleton−Century−Crafts.

Gherardi, S. (2012). *How to conduct a practice−based study: Problem and methods.* Cheltenham, UK: Edward Elgar.

Gladwin, T. (1970). *East is a big bird.* Cambridge, MA: Harvard University Press.

Hebding, D. (1993) *Subculture: Meaning of style.* 이동연(역). 하위문화: 스타일의 의미. 현실문화연구.

Heidegger, M. (1927). *Sein und zeit.* 이기상(역). 존재와 시간. 서울: 까치.

Herling, R. E. (1998). Expertise: The Development of an Operational Definition for Human Resource Development. In R. J. Torraco (Ed.), *Academy of human resource development,* 715−122. Baton Rouge, LA: AHRD.

Holyoak, K. (1991). Symbolic Connectionism: Toward third

generation theories of expertise in Ericssion & Smith (ed.). *Toward a general theory of epxpertise,* 301-336.

Hutchins, E. (1995). *Cognition in the wild.* Cambridge, MA: MIT Press.

Hyysalo, S. (2005). Objects and motives in a product design process. *Mind, culture, and activity: An international journal, 12,* 19-36.

Jacobs, R. L. & Park, Y. (2009). A proposed conceptual framework of workplace learning: Implications for theory development and research in human resource development. *Human resource development review, 8*(2), 133-150.

Kaptelinin, V. & Nardi, B. (2006). *Acting with technology: Activity theory and interaction design.* 손민호, 박진희, 김기홍, 권미애(역). 인터랙션 디자인과 활동이론. 박영Story.

Kolb, D. A. (1984). *Experiential learning: Experience as the source of learning and development.* Englewood Cliffs, NJ: Prentice Hall.

Korn, P. (2013). *Why we make things and why it matters.* 원성완(역). 장인의 공부. 유유.

Lave, J. (1977). Cognitive consequences of traditional apprenticeship training in west Africa. *Anthropology and education quarterly, 8*(3), 177-180.

_______ (1993). Situating learning in communities of practice. In L. B, Resnick, J. M. Levine, & S. D. Teasley (eds.), *Perspectives on socially shared cognition,* 17-36. Washington DC: American Psychological Association.

Lave, J. & Wenger, E. (1991). *Situated learning.* 손민호(역). 상황학습. 서울: 강현출판

Leontiev, A. (1978). *Activity, consciousness, and personality.* Englewood Cliffs, N.J.: Prentice-Hall.

Luff, P., Hindmarsh, J. & Health, C. (2000). *Workplace studies: Recovering work practice and informing system design.* Cambridge: Cambridge Press.

Lynch, M. (1993). *Scientific practice and ordinary action: Ethnomethodology and social studies of science,* Cambridge University Press.

Marsick, V. & Watkins, K. (1987). Approaches to studying learning in the workplace. *Learning in the workplace,* 171-198.

Marsick, V. J. & Volpe, M. (1999). The nature and need for informal learning, in theory and practice of informal learning in the knowledge era. *Advances in developing human resource,* 3, 80-95.

Marsick, V. J. & Watkins, K. E. (2001). Informal learning and incidental learning. *New directions for adult and continuing education, 89,* 25-34.

Matthews, P. (1999). Workplace learning: Developing an holistic model. *The learning organization. 6*(1), 18-29.

Merleau-Ponty. M. (1960). *Le langage indirect et les voix de silence.* 김화자(역), 간접적인 언어와 침묵의 목소리. 책세상.

Moerman, M. & Sacks, H. (1988). On 'understanding' in the analysis of conversation. In M. Moerman (ed). *Talking culture: Ethnography and conversation analysis,* 180-186. Philadelphia: University of Pennsylvania Press.

Nishizaka, A. (2006). What to learn: The embodied structure of the environment. *Research on language and social interaction, 39*(2), 119-154.

Nussbaum, M. C. (2011). *Creating capabilities.* 한상연(역). 역량의 창조. 돌베개.

Paul, R. C. (2013). *How matter matters.* Oxford University Press.

Pea, R. (1997). Practices of distributed intelligence and designs for education. In G. Salomon (ed.). *Distributed cognitions: Psychological and educational considerations.* New York: Cambridge University Press.

Pink, D. H. (2001). *Free agent nation: How America's new independent workers are transfor.* 석기용(역). 프리에이전트의 시대가 오고 있다. 에코리브르.

Polanyi, M. (1958). *Personal knowledge: Towards a post-critical philosophy.* Chicago: The University of Chicago Press.

__________ (1966). The logic of tacit inference. *Philosophy,*

41(155), 1-18.

Prentice, R. (2007). Drilling surgeons: The social lessons of embodied surgical learning. *Science, technology & human values, 32*(5), 534-553.

Resnick, L. B. (1988). Treating mathematics as an ill-structured discipline. In R. I. Charles & E. A. Silver (eds.). *The teaching and assessing of mathematical problem solving.* Hillsdale, NJ: Lawrence Erlbaum Associates.

Rose, T. (2015). *The end of average.* 정미나(역). 평균의 종말: 평균이라는 허상은 어떻게 교육을 속여왔나. 21세기북스

Ruskin, J. (1885). *The seven lamps of architecture.* 현미정(역). 건축의 일곱 등불. 마로니에북스.

Schon, D. A. (1983). *The reflective practitioner.* New York: Basic Books.

Scribner, S. (1984). Studying working intelligence. In B. Rogoff & J. Lave (eds.), *Everyday cognition: Its development in social context.,* 9-40. Cambridge, MA: Harvard University Press.

Semin, G. & Smith, E. (2013). Socially situated cognition in perspective. *Social cognition, 31*(2), 125-146.

Sennett, R. (2008). *The craftman.* 김홍식(역), 장인. 21세기북스.

Simmel, G. (1971). The transcendent character of life. In D. Liven (ed.). *Georg simmel on individuality and social forms.* Chicago: Chicago University Press.

Simon, H. A. (1996). *The sciences of the artificial.* MIT press.

Streeck, J., Goodwin, C. & LeBaron, C. (Eds.). (2011). *Embodied interaction: Language and body in the material world.* Cambridge University Press.

Suchman, L. (1987). *Plans and situated actions: The problem of human machine interaction.* Cambridge University Press.

Swanson, R. A. (2001). Human resource development and its underlying theory. *Human resource development international, 4*(3), 299−312.

Wenger, E. (1998). *Communitise of practice.* 손민호·배을규(역). 실천공동체, 서울: 학지사.

Wertsch, J. (1998). *Mind as action.* New York: Oxford University Press.

Winch, P. (1958). *The idea of a social science and its relation to philosophy.* 김기현(역). 사회과학과 철학, 서울: 서광사.

Zaunbrecher, N. (2012). Suspending belief and suspending doubt: The everyday and the virtual in practices of factuality. *Human studies, 35*, 519-537.

Zinchenco, V. (1996). Developing activity theory: The zone of proximal development and beyond. In B. Nardi (ed.), *Context and consciousness: Activity theory and human−computer interaction,* 283−324. Cambridge, Mass.: MIT Press.

저자 소개

손 민 호

인하대학교 교육학과 교수로 재직 하고 있다. 민속방법론을 기반으로 하여 상황인지 및 상황학습을 중심으로 한 학습과학에 관해 연구하고 있다. 학습경험의 컨텍스트를 분석하고 이를 디자인하는 데 주로 관심을 두고 연구를 하고 있다. 주요 저서로는 민속방법론, 실천공동체, 교육과정과 교육의 과정, 컨텍스트 분석과 학습의 디자인 등이 있다.

권 미 애

인하대학교 교수학습센터 연구교수로 재직하고 있다. 주로 민속방법론을 기반으로 하여 상황인지 및 상황학습에 관해 연구하고 있다. 학습경험의 컨텍스트를 분석하고 이를 디자인하는 데 주로 관심을 두고 연구를 하고 있다.

숙달의 정체성

2021년 04월 19일 인쇄
2021년 04월 26일 발행

저 자 권미애 손민호
발행자 오동석

발행처 강현출판사
서울 중랑구 숙선옹주로 3길 40 제1호
전화 : 02) 965-4955, 010-5712-9630
등록 : 2007년 5월 21일(제307-2007-29호)
E-mail : oods1205@hanmail.net

♧ 잘못된 책은 교환해 드립니다. 정가 16,000원

ISBN : 978-89-94320-92-2 93370

이 저서는 인하대학교 학술연구비 지원에 의해 수행 되었음